Antonie Ladan

Kopfwandler

Sigmund Freud hat in seinem Klassiker *Die Psychopathologie des Alltagslebens* Phänomene – wie z. B. Versprecher – gedeutet. Daran knüpft Ladan an, wenn er den verkopften Menschen unserer Zeit, den Kopfwandler, untersucht. Es handelt sich um Menschen, die in ihrem Kopf leben und zu ihrem Körper und zu anderen Menschen wenig Kontakt haben.

Als Patienten haben sie eine Gemeinsamkeit in der Biografie und Konfliktverarbeitung: Sie waren als Kinder schwierigen emotionalen Situationen ausgesetzt, ohne dass sie von den Erwachsenen eine angemessene emotionale Hilfe zur Bewältigung ihrer traumatischen Erlebnisse erfahren haben. Deshalb mussten sie zu früh reif werden und sich selbst die Eltern ersetzen. Um dies zu erreichen, griffen sie auf die Fantasie zurück, eine Ausnahme zu sein, die ihnen Trost spendete und das Gefühl der Einmaligkeit gab.

Antonie Ladan zeigt anhand der Kopfwandler eine »aktive« Behandlungstechnik, bei der der Analytiker Verhaltensauffälligkeiten in der Übertragung anspricht. Der Analytiker wird somit das Instrument beim Zugang zum Unbewussten des Patienten. So lässt sich dann die geheime Fantasie zusammen mit dem Patienten dem Bewusstsein zugänglich machen.

Ladan macht das analytische Vorgehen durch überzeugende Fallschilderungen und Beispiele aus der Literatur anschaulich. Er interpretiert *Die unendliche Geschichte* von Michael Ende und *Das Bildnis des Dorian Gray* von Oscar Wilde.

Antonie Ladan, geboren 1943, Psychiater und Psychoanalytiker in eigener Praxis, Lehranalytiker der Niederländischen Psychoanalytischen Vereinigung, Mitglied der Internationalen Psychoanalytischen Vereinigung, in der Leitung der psychoanalytischen Institute in Amsterdam und Utrecht. Buchveröffentlichungen und zahlreiche Fachartikel auch in internationalen Zeitschriften.

Antonie Ladan

Kopfwandler

besser: Kopf mit Beinen (auf) ⊕

Die geheime Fantasie,
eine Ausnahme zu sein

Aus dem Niederländischen von
Dieter Becker

Brandes & Apsel

⊕ analog: Arsch mit Ohren, ist eine bessere Übersetzung von: "het wandelend hoofd"

Übersetzung der niederländischen Ausgabe unter dem Titel:
Het wandelend hoofd. Over de geheime fantasie een uitzondering te zijn.
Copyright © 2000 Uitgeverij Boom, Amsterdam

1. Auflage 2003
© der deutschsprachigen Ausgabe
Brandes & Apsel Verlag GmbH, Frankfurt am Main
Alle Rechte vorbehalten, insbesondere das Recht der Vervielfältigung und
Verbreitung sowie der Übersetzung, Mikroverfilmung, Einspeicherung und
Verarbeitung in elektronischen oder optischen Systemen, der öffentlichen
Wiedergabe durch Hörfunk-, Fernsehsendungen und Multimedia sowie
der Bereithaltung in einer Online-Datenbank oder im Internet zur Nutzung
durch Dritte.
DTP: Wolfgang Gröne, Groß-Zimmern
Umschlaggestaltung: Roland Apsel unter Verwendung des Bildes:
René Magritte: *Die schwarze Magie*, 1945
© VG Bild-Kunst, Bonn 2003
Druck: Tiskarna Ljubljana d. d., Ljubljana, Printed in Slovenia
Gedruckt auf säurefreiem, alterungsbeständigem und chlorfrei gebleichtem
Papier.

Bibliografische Information *Der Deutschen Bibliothek:*
Die Deutsche Bibliothek verzeichnet diese Publikation in der
Deutschen Nationalbibliografie; detaillierte bibliografische
Daten sind im Internet über http://dnb.ddb.de abrufbar

ISBN 3-86099-782-3

Inhalt

Einleitung

Dieses Buch handelt von »Kopfwandlern«. Der Begriff weist darauf hin, wie manche Menschen ihr Leben organisieren. Sie sind hauptsächlich Kopf und haben ihren Körper weitgehend beiseite geschoben. Er ist in erster Linie eine Maschine, die gefüttert werden muss, um seine Aufgabe als Kopfträger zu erfüllen. Manchmal geben diese Menschen an, dass in Höhe des Halses eine Trennlinie zu bestehen scheint, als mache ein großer Kragen es unmöglich wahrzunehmen, was sich »unterhalb« eigentlich abspielt. So leben sie ohne gefühlsmäßigen Kontakt mit dem übrigen Körper vorwiegend im Kopf. Von außen merkt man den »Kopfwandlern« nichts an, aber sosehr sie auch versuchen, mit anderen Menschen etwas gemeinsam zu unternehmen, sie fühlen sich doch »fremd«: Sie gehören nicht dazu und kommen aus einer anderen Welt.

In diesem Buch soll entwickelt werden, wie »Kopfwandler« sich als Kinder in einer schwer erträglichen Situation befanden, der sie nicht entkommen konnten. Sie haben die Lösung dieser Lebenssituation denn auch notgedrungen in sich selbst gesucht und auf ihre Fähigkeit zu fantasieren zurückgegriffen. Ich werde zeigen, wie gerade die Fantasie, eine Ausnahme zu sein, unter solchen Umständen eine große Anziehungskraft ausübt. An sich ist das nicht verwunderlich, denn diese Fantasie stellt eigentlich ein Resultat eines Sachverhaltes dar, der bei jedem vorhanden ist. Insoweit wir alle verschieden sind und eine eigene innere Welt haben, sind wir ja auch alle etwas Besonderes. Die Ausnahmefantasie bildet damit einen mächtigen Trost, der nahtlos an unserer Einmaligkeit als Individuum anknüpft.

In der Ausnahmefantasie macht sich das Kind zu *dem* Erwachsenen, von dem es glaubt, in Zukunft sein zu sollen. Es zieht sozusagen in den Kopf ein, um so eine Fantasiewelt zu betreten, die viel erträglicher erscheint als die wirkliche Welt, in der es momentan lebt. Der Preis für den »großen Sprung nach vorn« besteht in der Opferung seines Kindseins zu Gunsten einer Pseudoerwachsenheit. Im Erwachsensein bekommt es den Anschein eines kompetenten »großen Menschen«; es braucht niemanden und kennt keine schmerzlichen Gefühle oder Wünsche, weil es außergewöhnlich geliebt wird und alle Wünsche selbstverständlich erfüllt sind. Dieser »große Mensch«[1] lebt dadurch in einem Zustand, in dem von Hilflosigkeit, Abhängigkeit und Lächerlichkeit nicht mehr die Rede ist. Das bedeutet auch, dass der Körper als Quelle unkontrollierbarer und beschämender Wünsche keine Rolle mehr spielt. Da es keine Wünsche mehr gibt, scheint alles unter Kontrolle zu sein; die absolute Autonomie ist scheinbar erreicht. Sie steht und fällt jedoch damit, einen Zustand der Unzugänglichkeit zu der Welt aufrecht zu erhalten, in welcher der »große Mensch« vor langer Zeit einmal Kind war: Die Tür zum Kinderzimmer musste um jeden Preis verschlossen bleiben.

Bevor ich ausführlicher auf diese Lebensstrategie eingehe, will ich in Kapitel 1 und 2 darlegen, wieweit zu erwarten ist, dass Erwachsene zur eigenen kindlichen Erlebniswelt Zugang haben. Ich werde vier Faktoren besprechen, die diesen Zugang erschweren können. Drei davon hängen direkt mit der Funktion unseres Gedächtnisses zusammen; sie werden in Kapitel 1 behandelt. In Kapitel 2 richte ich die Aufmerksamkeit auf den vierten Faktor, der vor allem mit psychologischen Motiven zu tun hat. Dann erkläre ich in Kapitel 3

---

[1] Der Autor hat, um das Pseudoerwachsensein des Kindes zu demonstrieren, für Mensch das neutrale Genus gewählt, das nicht in die Übersetzung übernommen wird, weil »das Mensch« im Deutschen eine pejorative Konnotation besitzt (Anm. d. Ü.).

anhand klinischer Vignetten eine Reihe von Begriffen, die notwendig sind, um die Problematik der »Kopfwandler« besser verstehen zu können. Es handelt sich dabei vor allem um das Zustandekommen unseres »impliziten Lebensszenarios« und in diesem Zusammenhang um die Fähigkeit zu fantasieren. Ich werde auch zeigen, wie manche Fantasien »geheim« werden können und dadurch einen Teil des Lebensszenarios bilden.

Die Erkenntnisse aus der Entwicklungspsychologie, der Neurobiologie und der Gehirnforschung, die in den ersten drei Kapiteln abgehandelt werden, machen nicht nur deutlich, wie stark die Psychoanalyse gegenwärtig Veränderungen unterworfen ist und sich inzwischen von der Psychoanalyse zu Freuds Zeiten unterscheidet. Sie zeigen auch, dass Freud mit einer Reihe Hypothesen Recht hatte, die in der psychoanalytischen Theorie nach wie vor einen zentralen Platz einnehmen. Das betrifft unter anderem seine Annahme, dass vieles in unserem Seelenleben unbewusst verläuft, einschließlich kognitive, emotionale und motivationale Prozesse. Die uns gegenwärtig zugänglichen Forschungsergebnisse zeigen eindeutig, dass unser Bewusstsein, in Übereinstimmung mit Freuds Vorstellungen, lediglich die Spitze eines Eisberges bildet (Westen, 1999).[2]

---

[2] Des weiteren kann an die folgenden Hypothesen gedacht werden:
– Dass bleibende Aspekte der Persönlichkeit sich in der Kindheit zu bilden beginnen und dass die Erfahrung des Kindes eine wichtige Rolle in der Persönlichkeitsentwicklung spielt, insbesondere im Sozialverhalten;
– Dass die inneren Bilder, die jemand von sich, von anderen und den Beziehungen zu ihnen hat, die Interaktionen mit den anderen bestimmen und in verschiedenen Formen der Psychopathologie eine wichtige Rolle spielen;
– Dass sich innere Prozesse gleichzeitig und parallel zu einander abspielen können, so dass jemand konflikthafte Gefühle hinsichtlich einer Person oder Situation haben kann und Kompromisse dafür findet, ohne sich dessen bewusst zu sein;
– Dass die Persönlichkeitsentwicklung nicht nur impliziert, sexuelle und aggressive Gefühle regulieren zu lernen, sondern auch eine Bewegung des Zustandes einseitiger Abhängigkeit hin zu beiderseitiger Abhängigkeit;
– Dass das unvollständige Abgestimmtsein auf die eigene emotionale Welt ernsthafte psychophysische Konsequenzen nach sich ziehen kann; so setzt das Abbremsen des bewussten Zugangs zu unseren Emotionen den Körper und insbesondere Herz und Immunsystem unter ziemlichen Stress.
Bezüglich des letzten Punktes stellt Westen fest, indem er auf die vielen Male hinweist, dass Freud und die Psychoanalyse für »tot« erklärt wurden: »Freud

Im Anschluss an diese mehr einleitenden Kapitel, die eine notwendige theoretische Basis für den Rest des Buches liefern, wende ich mich in Kapitel 4 der spezifischen Problematik der »Kopfwandler« zu. Gestützt auf Material aus einer Psychoanalyse werde ich zeigen, welche inneren Funktionen die geheime Ausnahmeposition zu erfüllen vermag. In Kapitel 5 bespreche ich anhand des Schicksals von Bastian Balthasar Bux, der Hauptperson aus einem Roman von Michael Ende, warum manche Kinder nicht genug an den tröstenden Größenfantasien der normalen Entwicklung zu haben scheinen, sondern ihre Zuflucht zu der geheimen Fantasie nehmen, eine Ausnahme zu sein. Ich werde auch zeigen, wie wir uns den »großen Sprung nach vorn« vorstellen können, den das Kind dabei innerlich vollzieht. In Kapitel 6 geht es um die Krankheit von Dorian Gray, einer Romanfigur von Oscar Wilde. Diese Krankheit beruht auf dem Versuch, die Zeit still stehen zu lassen und den Tod auf Abstand zu halten, eines der Ziele, die in der geheimen Fantasie immer erfüllt zu sein scheinen.

In Kapitel 7 und 8 gehe ich auf die Position des Analytikers und darauf ein, wie er zuhört bzw. nicht zuhört.[3] Dabei richte ich die Aufmerksamkeit auch auf einige Konsequenzen, welche die heutigen theoretischen Erkenntnisse für die psychoanalytische Behandlungstechnik im Allgemeinen haben können. Daneben kommen Aspekte der Technik zur Sprache, die besonders bei der Behandlung der »Kopfwandler« von Bedeutung sind. Hierbei geht es insbesondere um die integrative Aufgabe, vor welche die »Kopfwandler« sich in der Analyse gestellt sehen. Sie müssen ja die Spaltung, die im Lauf der Jahre zustande gekommen ist, soweit aufheben, dass der Kontakt zur kindlichen Erlebniswelt wieder möglich wird. Mit anderen Worten: Die Tür zum inneren Kinderzimmer muss wieder benutzbar werden. Das ist nötig, weil das Festhalten an der Spaltung eines so wesentlichen Teils der Persönlichkeit eine große Verarmung des psychischen Funktionierens an allerlei Fronten bedeutet.

---

mag tot sein, aber seine Theorien erweisen sich zunehmend als brauchbar, um vorherzusagen, wer sich ihm, eher früher als später, zugesellen wird.« (Westen 1999, S. 1062, 1063, 1083)

[3] Immer wenn »er« im allgemeinen Sinne gebraucht wird, heißt es »er« oder »sie«.

Diese Verarmung führt unter anderem zu Depersonalisation und Einsamkeit: Da geht ein Kopfwandler, der nirgendwo hingehört und von einem kalten und leeren Körper getragen wird.

Zum Schluss seien zwei Warnungen angebracht. Die erste betrifft die Bedeutung, die dem Inhalt dieses Buches zuerkannt werden kann. Wenn man über bestimmte psychische Erscheinungen schreibt, erweckt man leicht der Eindruck, dass es um Gesetzmäßigkeiten geht, die für große Menschengruppen gelten. Das ist sicher nicht meine Absicht, auch nicht, wenn meine Aussagen manchmal anscheinend etwas entschieden oder zu wenig nuanciert formuliert sind. Obwohl ich mich an verschiedenen Stellen auf empirische Untersuchungen beziehe, habe ich solche nie selbst durchgeführt, sondern stütze mich auf Überlegungen, die ich gemeinsam mit meinen Patienten mit dem Ziel, sie besser zu verstehen, entwickelt habe.

Die zweite Warnung betrifft das klinische Material. Zur Wahrung völliger Diskretion habe ich nicht nur Veränderungen vorgenommen, um die Identität der Patienten zu schützen. Ich habe auch regelmäßig von der Erwähnung detaillierten klinischen Materials absehen müssen, das in einigen Fällen für die Darstellung aufschlussreich gewesen wäre. Aus Rücksicht auf die Diskretion illustriere ich die Darstellungen einige Male nicht mit klinischen Vignetten, sondern mit den Schicksalen von Romanfiguren. Mit diesem Wissen im Hintergrund können wir versuchen zu verstehen, was es mit den »Kopfwandlern« auf sich hat.

1

Das vergessene Kind

Die Fragilität der Erinnerung erzeugt in uns
ein vages Gefühl, wer wir sind und woher
wir kommen, und sie verbirgt zugleich viele
spezifische Ereignisse, die zu unserer Ge-
staltung führten.

Daniel Schacter: *Searching for Memory*

In der Einleitung erwähnte ich, dass bei »Kopfwandlern« die Kinderwelt abgespalten ist: die Tür zum inneren Kinderzimmer ist
gleichsam verschlossen. Das Kind darin ist vergessen und darf nicht
lebendig werden, es muss sich vielmehr möglichst tot stellen, mit
allen daraus resultierenden Konsequenzen. Aber wir wissen auch:
selbst Erwachsenen ohne diese Problematik ist die eigene Kindheit
bei weitem nicht immer leicht und selbstverständlich zugänglich. Im
vorliegenden Kapitel werde ich mich mit den verschiedenen Faktoren befassen, die, will man den Zugang zur Kindheit haben, eine
Rolle spielen. Mit anderen Worten: Was ist eigentlich normal, wenn
es sich um Kindheitserinnerungen handelt?

Boltanski

Christian Boltanski ist ein französischer Installationskünstler, der vor allem mit Gebrauchsgegenständen und Fotos arbeitet. So stellte er an den Wänden eines Kellerraumes in einem Pariser Museum Regale auf, die er vom Boden bis zur Decke mit zusammengelegten Kinderkleidern füllte. Die Tatsache, dass die Kinderkleider in dieser Anordnung gestapelt waren, verstärkte das Gefühl von Melancholie und Traurigkeit, das durch die Abwesenheit der ursprünglichen kleinen Besitzer hervorgerufen wurde. Seine erste Arbeit aus dem Jahre 1969 nannte er »*Suche und Präsentation all dessen, was aus meiner Kindheit übrig geblieben ist*« (*Recherche et présentation de tout ce qui reste de mon enfance*). Er versuchte zu zeigen,

> dass dieser Teil meiner selbst verschwunden war und dass die davon zeugenden Elemente zerbrechlich waren: Amateurfotos und Gegenstände, die ihre Bedeutung verloren hatten. Ich realisierte also, dass ich in mir (...) ein »totes Kind« trug, dass ein Teil meines Lebens verschwunden war. Eine der Sehnsüchte des Künstlers ist es, die Wirklichkeit darzustellen und sie zugleich vor Vergessen und Tod zu bewahren, und diese Suche ist von Misserfolg begleitet, dem Misserfolg von Anfang an.

Im Werk Boltanskis bildet die zerstörende Wirkung der Zeit das zentrale Thema. Indem die Zeit vergeht, verlieren wir alles, nicht nur den anderen, sondern auch uns selbst.

Von dem im Lauf unseres Lebens sich verändernden Selbst bleibt einzig die Erinnerung. Sie gibt uns die Möglichkeit, Menschen und Dingen eine Bedeutung zu verleihen und uns selbst als diejenigen zu sehen, die wir einmal waren. Damit verschaffen wir uns Kontinuität in der Zeit. Vor einiger Zeit fand ich ein Foto, das ein Fotograf in der Schule von mir als Achtjährigem aufgenommen hatte; ich hatte es lange nicht gesehen. Ich sah einen etwas verlegenen Jungen in einer Schulbank. Ich fand ihn nett. Das hört sich distanziert an, und so empfand ich es auch. Ich merkte, dass ich vor allem etwas ungläubig das Foto betrachtete. War ich das? Erst als ich begann, mir die Dinge von damals zu vergegenwärtigen, stellte ich die Kontinuität wieder her, aber mir wurde auch bewusst, dass Boltanski in gewissem Sinne Recht hat. Das Kind von damals gibt es nicht mehr, das heißt, es ist in *dieser* Gestalt und in *dieser* inneren Erlebniswelt nie mehr zum Leben zu erwecken. Boltanski nennt das »tot«, und, so gesehen, würden wir alle ein »totes Kind« in uns tragen. Doch das ist natürlich nicht die ganze Geschichte. Das Kind von damals gibt es nicht mehr, aber zugleich lebt es auf verschiedene Weise in mir weiter und hat auch Einfluss darauf, wie ich jetzt bin. Die schon lange bestehende klinische Vorstellung, dass Erfahrungen aus unserer Kindheit in erheblichem Maße bestimmen, wie wir als Erwachsene der Welt begegnen, wird von der Forschung immer mehr bestätigt (zum Beispiel Cassidy/Shaver, 1999; Fonagy et al., 1995; Leckmann, 1999; Sroufe, 1995; Sroufe et al., 1999). Auch im Zeitalter von Genetik und Neurobiologie bleibt diese Auffassung unvermindert gültig.

Weder gibt unser Gehirn die vorgegebene Entfaltung des komplexen genetischen Programms wieder, noch sind wir die Opfer eines Determinismus der Umwelt, der sich unauslöschlich in eine »tabula rasa« eingräbt. Im Lauf von Entwicklung und Reifung werden Gene und Umwelt in einer Reihe komplexer und unauflösbarer Interaktionen verwoben. Alles, was wir lernen, (...) verändert unser Gehirn in physikalischem Sinne«. (Hyman, 2000, S. 89)

Wollen wir also wissen, wer wir sind und warum wir so und nicht anders fühlen, denken und reagieren, ist es von großer Bedeutung, Zugang zu unserer Vergangenheit zu finden, einschließlich unserer Kindheit. Das ist noch wichtiger, wenn von einer abgespaltenen Kinderwelt die Rede ist, wie bei den »Kopfwandlern«.

Im Folgenden will ich deutlich machen, dass dieser Zugang bei weitem nicht immer selbstverständlich ist. Es gibt erhebliche »Zugangsschwierigkeiten«. Ich werde vier Faktoren besprechen, die dabei eine Rolle spielen können. Dieses Kapitel behandelt die ersten drei; sie hängen unmittelbar mit der Gedächtnisfunktion zusammen. Der vierte Faktor, der in Kapitel 2 abgehandelt wird, bezieht sich vor allem auf psychische Motive, die zu Zugangsproblemen führen können.

Zugangsschwierigkeiten infolge Unreife
des expliziten Gedächtnisses

Das Gedächtnis lässt sich generell in ein explizites und ein implizites Gedächtnis einteilen (LeDoux, 1996; Schacter, 1996). Diese Unterscheidung nahmen im Jahr 1985 erstmals Graf und Schacter vor, die sich dabei unter anderem auf Experimente stützten, in denen von implizitem Einfluss von Erfahrungen gesprochen werden kann, die explizit nicht erinnert wurden.[4]

Das explizite Gedächtnis speichert Ereignisse und Tatsachen; und in ihm ist unter anderem auch unsere Autobiografie enthalten. Das Wissen in diesem Teil des Gedächtnisses kann man prinzipiell bewusst erinnern; prinzipiell deshalb, weil es nicht wie ein Archiv arbeitet, von dem man eine bestimmte Erinnerung abfragen kann, um dann eine genaue Wiedergabe des ursprünglichen Ereignisses zu erhalten. Wie sich in diesem und dem folgenden Kapitel zeigen wird, gibt es im Erinnerungsprozess eine Reihe von Hindernissen, die sowohl mit der Arbeitsweise des Gedächtnisses als auch mit der Abwehr zu tun haben können.

So erinnere ich mich, dass in der Schule Fotos gemacht wurden, aber die Bilder sind verblasst und die Jahrgänge nicht auseinander zu halten. Etwas deutlicher erinnere ich mich an die Schule, die Klassen und die Lehrer. Um solche Erinnerungen abrufen zu können, müssen sie erst im expliziten Gedächtnis gespeichert sein. Dabei spielt unter anderem eine bestimmte Struktur im Gehirn, der Hippocampus, eine wichtige Rolle. Er ist nicht gleich nach der Geburt voll funktionsfähig. Erst mit drei bis vier Jahren sind die notwendigen Gehirnstrukturen soweit gereift, dass das Gehirn in der Lage ist, verbal strukturierte Erinnerungen im Gedächtnis zu spei-

---

[4] Graf und Schacter stützten sich unter anderem auf Experimente mit Studenten, denen eine Liste mit Worten vorgelegt wurde, unter denen zum Beispiel das Wort »Octopus« vorkam. Wenn den Studenten nach einer gewissen Zeit die Aufgabe gestellt wurde, Wortfragmente wie zum Beispiel o-t—us zu vervollständigen, hatten sie bei diesem Fragment bessere Treffer als bei anderen, von denen sie das ganze Wort vorher nicht gesehen hatten. Gleichzeitig erinnerten sie sich nicht, das Wort »Octopus« auf der Liste gesehen zu haben. Sie zeigten also den *impliziten* Einfluss einer Erfahrung, deren sie sich *explizit* nicht erinnerten (Schacter, 1996).

16

chern (Clyman, 1991). Auf psychologischer Ebene bedeutet das, dass ein Kind erst zu diesem Zeitpunkt ein genügend stabiles Selbstkonzept hat, um sich autobiografisch zu erinnern: Damals ereignete sich das mit *mir* in dieser Situation (Bower/Sivers, 1998).

Das alles impliziert, dass für Erlebnisse aus den ersten drei bis vier Lebensjahren eine Amnesie besteht, die sog. kindliche Amnesie. Obwohl manche Forscher meinen, diese Amnesie sei möglicherweise nicht absolut, selbst wenn es sich um die präverbale Phase handelt (Bauer et al., 1998; Christianson/Lindholm, 1998; Toth/Cicchetti, 1998): kann offensichtlich aufgrund der verfügbaren empirischen Forschung in den ersten Lebensjahren doch kaum von Erlebnissen gesprochen werden, die im expliziten Gedächtnis gespeichert sind und später bewusst abgerufen werden können (Nelson/Carver, 1998). Ein beträchtlicher Teil unserer Erlebisse aus unserer Kindheit ist somit der bewussten Erinnerung nicht zugänglich.

Dieses Faktum hat wichtige klinische Konsequenzen. Wenn der Patient zum Beispiel eine Erinnerung an ein Erlebnis im Alter von einem Jahr hat, sollten wir uns aufgrund unseres Wissensstandes über die Gehirnentwicklung klar machen, dass diese Erinnerung zu diesem Zeitpunkt nicht als verbal strukturierte Erinnerung im expliziten Gedächtnis gespeichert sein kann. Sie muss also auf andere Weise als durch das Ereignis selbst zu Stande gekommen sein, beispielsweise, indem eine andere Person dem Patienten das Ereignis später erzählt hat (Olds/Cooper, 1997).

Bedeutet das nun, dass die Erlebnisse aus den ersten Jahren genau in einem Alter verloren gehen, in dem das Gehirn über seine größte Plastizität und ein entsprechendes Lernvermögen verfügt? Wie zu erwarten, ist dies nicht der Fall, aber die Erfahrungen werden im impliziten Gedächtnis, unserem zweiten Gedächtnissystem, niedergelegt.

Zugangsschwierigkeiten als Folge der Speicherung im impliziten Gedächtnis

Das implizite Gedächtnis hat seinen Wirkungsort in Gehirnstrukturen, die schneller reifen als diejenigen Strukturen, die am expliziten

Gedächtnis beteiligt sind. Im impliziten Gedächtnis werden in erster Linie Informationen gespeichert, die mit dem Erlernen bestimmter Fähigkeiten und Gewohnheiten zu tun haben, wie gehen, sprechen, schwimmen, Rad oder Auto fahren. Außerdem gehören in seinen Bereich auch die automatischen Verhaltensweisen, sich in der Welt zu bewegen, sowie Modelle des selbstverständlichen Umgangs mit anderen (Campbell, 1998). Die Muster, um die es sich dabei handelt, laufen außerhalb unseres Bewusstseins mit Selbstverständlichkeit ab. Im impliziten Gedächtnis ist dann auch das untergebracht, was van Leeuwen das »Selbstschweigende«[5] nennt (van Leeuwen, 1987). »Wenn man mit Peter spricht, kommt er einem immer zu nahe. Er merkt es selbst nicht, aber man hat ein eigenartiges Gefühl.« »Er ist genau wie sein Vater.« »Wenn ich sehe, wie sie sich bei Besuchen verhält, muss ich immer an ihre Mutter denken.« »Klaus hat wieder eine Freundin; sie ist genauso langweilig wie die letzte, nur jünger.« »Verstehst du das? Sie hat so unter der Trunksucht ihres Vaters gelitten, und jetzt heiratet sie einen Alkoholiker.« »Wo er auch arbeitet, er bekommt immer Streit. Er versteht es selbst nicht, aber er wird immer entlassen.«

Dieses Verhalten der Welt gegenüber und die entsprechenden inneren Bilder über uns selbst und die anderen, kann man als Erinnerung auffassen, deren wir uns in dem Moment, in dem sie in Erscheinung treten, nicht bewusst sind. Sie zeigen sich im Sosein. Es kann jemand diese impliziten Erinnerungen als Modalitäten seines Handelns bemerken, wenn er darauf hingewiesen wird, wie zum Beispiel in einer psychoanalytischen Behandlung (Fonagy, 1999a). »Sie hatten recht mit dem, was Sie damals sagten. Ich habe darauf geachtet; ich mache immer einen Schritt auf die Menschen zu, wenn ich mit ihnen spreche. Ich fand es so merkwürdig. Als ob die Menschen immer vor mir davonliefen.«

Die Ereignisse, die zu solchen Mustern geführt haben, sind der Erinnerung nicht mehr zugänglich. So wird sich der Erwachsene,

---

[5] Im Niederländischen handelt es sich hier um ein nicht direkt übersetzbares Wortspiel. Im Original heißt es »vanzelfzwijgend«, was wörtlich hieße »selbstschweigend«; diese Wortschöpfung ist abgeleitet aus »vanzelfsprekend«, das dem Deutschen »selbstverständlich« entspricht. Im Deutschen gibt es zwar das Wort »selbstredend«, es gilt aber als gespreizt und wird in der Umgangssprache nicht verwendet (Anm. d.Ü.).

der imstande ist, ein einigermaßen stabiles inneres Bild von sich und anderen aufrechtzuerhalten, nicht der unzähligen Male erinnern, als seine Eltern weggingen, aber auch wiederkamen und ihn herzlich begrüßten. Auch denkt er nicht an all die Begebenheiten, in denen sie sich des Kindes liebevoll und zugewandt annahmen, wenn ein Unglück geschah. Stattdessen hat der Erwachsene all diese emotionalen Erlebnisse zu einem impliziten Muster von Fähigkeiten zusammengefügt, sich selbst zu trösten, das Alleinsein zu ertragen und er selbst zu bleiben, auch wenn die geliebte Person nicht anwesend ist (Clyman, 1991, S. 367f.; Sandler/Sandler, 1998).

Entsprechend wird jemand, der zum Beispiel ständig selbstunsicher ist und zweifelt, ob andere ihn nett finden, sich nicht der ungezählten Gelegenheiten erinnern, wo er als Kind ignoriert wurde, wo man nicht auf seine Gefühle und Bedürfnisse einging und er bei Konflikten zugeben musste, unrecht zu haben, auch wenn es nicht so war. Stattdessen hat er all seine Erfahrungen selbstverständlich zu der implizit erinnerten Überzeugung zusammengefügt, er sei nichts wert. Sich selbst und den anderen bringt er ständig die Botschaft mit, dass er sich nicht ernst nimmt und dass seinen Gefühlen keine Beachtung geschenkt zu werden braucht. Diese Überzeugung bzw. dieses völlig selbstverständliche »Wissen«, es sei unmöglich, von anderen ernst genommen und verstanden zu werden, ist zu einem Muster geworden, welches die Grundlage seiner Persönlichkeit bildet (Fonagy, 1999a).

Auch unsere moralische Entwicklung findet zu einem erheblichen Teil auf dem impliziten Weg statt. So erinnert man sich zum Beispiel nicht bewusst, unter welchen Umständen man sich die moralischen Regeln angeeignet hat, die unser Verhalten lenken. Das geschieht fast automatisch, vergleichbar dem Erlernen der grammatikalischen Regeln, die den Gebrauch unserer Muttersprache steuern (Kandel, 1999, S. 509).

Erfahrungen aus der Kindheit bilden somit durch die Speicherung im impliziten Gedächtnis die Grundlage für die Beziehungsmuster, die unseren Umgang mit uns selbst und anderen bestimmen. Stern et al. (1998) nennen dies das »implizite Beziehungswissen«, in dem Emotionen, Kognitionen und Verhaltensweisen integriert werden. Dieses »Wissen« kann als Antwort auf die zweifache Aufgabe der Beziehungsentwicklung gesehen werden, vor der wir als Kinder stehen: Wie verhalte ich mich mir gegenüber? Und: Wie verhalte ich mich anderen gegenüber? Die dabei entwickelten impliziten Muster beschränken ihren Einfluss nicht auf die Kindheit, sondern spielen während des ganzen Lebens eine wichtige Rolle in unserem Verhalten und den Erwartungen anderer gegenüber, insbesondere in unseren engen Beziehungen (Lyons-Ruth, 1999, S. 579).

Das Gesamt dieser Beziehungsmuster könnte man auch als »implizites Lebensszenario« bezeichnen; ich ziehe diesen Begriff dem »impliziten Beziehungswissen« vor.[6] Der Terminus »Szenario« bringt meines Erachtens deutlicher zum Ausdruck, dass es bei diesen Beziehungsmustern nicht nur um unser selbstverständliches Verhalten, unsere selbstverständlichen Erwartungen in Beziehungen und unsere selbstverständlichen Interpretationen der Welt geht. Es handelt sich außerdem um die für uns selbstverständlichen Versuche, andere in der von uns gewünschten Weise reagieren zu lassen, so dass sie einen Beitrag dazu liefern, in unserem Lebensszenario mitzuspielen. Mit anderen Worten, wir wollen nun einmal unser Lebensszenario mit uns als Hauptdarsteller aufführen und sind dabei fortwährend auf der Suche nach Mitspielern und Statisten.

Es dürfte deutlich sein, wie wichtig es ist, einen möglichst umfassenden Blick auf das im impliziten Gedächtnis gespeicherte Wissen zu haben.

Die Anerkennung der Allgegenwart impliziter Einflüsse auf unsere Gedanken, Gefühle und unser Verhalten führt zu einer wichtigen Einsicht in die Fragilität des menschlichen Gedächtnisses. Wenn wir uns nicht bewusst sind, dass etwas unser Verhalten beeinflusst, können wir wenig tun, es zu verstehen und ihm gegensteuern. Die subtile, im Wesentlichen

---

[6] Früher habe ich den auch Begriff »unbewusste Ideologie« verwendet, den ich von van Leeuwen übernommen habe: ».. das Gesamt unbewusster Werte, Überzeugungen und Fantasien, das der Orientierung eine Richtung gibt und sich gegen neue oder abweichende ›Information‹ wehrt, selbst gegen die eigenen späteren vernünftigen Einsichten.« (van Leeuwen, 1987, S. 24f.) Im Schrifttum über »Bindung« wird, soweit es um Bindungsmuster geht, wie sie im impliziten Gedächtnis gespeichert sind, vor allem der auf Bowlby zurückgehende Begriff »internal working models« gebraucht, aber auch er unterliegt inzwischen einer Revision (Bretherton/Munholland, 1999; Main, 1999). Es wird zum Beispiel vorgeschlagen, von »state of mind with respect to attachment« zu sprechen (Main, 1999, S. 877).

nicht zu entdeckende Natur des impliziten Gedächtnisses ist einer der Gründe, weshalb es einen so großen Einfluss auf unser Seelenleben ausüben kann. (Schacter, 1999, S.191)

Ein gutes Beispiel dafür bilden unsere Vorurteile und stereotyper Meinungen, die beide wesentlich auf dem beruhen, was im impliziten Gedächtnis gespeichert ist, und die einen Teil unseres impliziten Szenarios ausmachen. Ich will mich hier ein bisschen ausführlicher aufhalten, weil es für eine angemessene Bewertung des subtilen und manchmal trügerischen Funktionierens des impliziten Gedächtnisses so wichtig ist.

Um besser verstehen zu können, wie selbstverständlich dieses subtile Funktionieren vonstatten geht, müssen wir uns klar machen, dass die Bewertung einer bestimmten Situation und unsere Reaktion darauf zunächst über Strukturen des impliziten Gedächtnisses erfolgt und somit unbewusst, das heißt außerhalb des Bewusstseins verläuft (LeDoux, 1996).[7] Erst dann fassen wir in Worte, was geschieht, und werden uns durch die körperlichen Reaktionen der Gefühle bewusst, zum Beispiel der Angst. Dieser Hergang hat in Gefahrensituationen wesentliche Vorteile für das Überleben, macht uns aber auch in unserem Urteilsvermögen verletzlicher. Das Evaluationssystem, mit dem wir fortwährend die Welt auf Gefahrensituationen hin untersuchen, braucht ja nicht zu genau zu sein, sondern muss vor allem global und schnell kategorisieren. Es ist vernünftiger, ein Tier, das einem Bären ähnlich sieht, zuerst einmal für einen solchen zu halten. Die Differenzierung kommt später.

Bei Vorurteilen und Stereotypien können dieselben Mechanismen eine Rolle spielen. Für unser Überleben ist vor allem von großer Bedeutung, was wir an der Außenseite sehen können. Physische Merkmale, wie Hautfarbe und Länge des Haares, reichen aus, um Rassen- und Geschlechtsstereotypien zu aktivieren, unabhängig

---

[7] »Unbewusst« im Sinne von nicht bewusst, außerhalb des Bewusstseins, ist etwas anderes als »unbewusst« in Folge von Abwehrprozessen. In letzterem Fall kann von »dynamischem Unbewusstem« gesprochen werden, weil es um einen Zustand geht, in dem Bewegung möglich ist: etwas kann, abhängig von Aufmerksamkeit und Abwehr, mehr oder weniger bewusst werden. Bei den Inhalten des impliziten Gedächtnisses handelt es sich um bestimmte Auffassungen, Verhaltensweisen usw., die man sich in nicht-bewusster, inerter Selbstverständlichkeit zu eigen gemacht hat (siehe auch Fußnote 12).

von der Tatsache, ob die betreffende Person das Verhalten, das dieser Stereotypie anhaftet, auch tatsächlich zeigt. Diese automatische Aktivierung einer bestimmten Sichtweise kommt in vielen Situationen vor und bildet wahrscheinlich unsere erste Reaktion auf den anderen, den wir noch nicht kennen. Einmal aktiviert, kann eine solche Sichtweise Einfluss darauf haben, wie wir jemanden behandeln, und sie kann sich auch auf unser Verhalten in anderen Situationen ausweiten. Die Tatsache, dass diese Beurteilungen und die darauf beruhenden Gefühle und Haltungen automatisch aktiviert werden, bedeutet auch, dass wir ihr Vorhandensein in uns und ihren Einfluss auf unsere Gedanken und unser Verhalten nicht in Frage stellen. Ein bestimmtes Vorurteil, beispielsweise über eine Gruppe Ausländer, kann dann als eine ebenso zuverlässige Wahrnehmung erscheinen wie die Wahrnehmung ihrer Hautfarbe (ebd., S. 62f.).

In den ersten drei bis vier Lebensjahren steht uns nur das implizite Gedächtnissystem zur Verfügung. Kindheitserlebnisse aus dieser Zeit, die ausschließlich oder hauptsächlich im impliziten Gedächtnis gespeichert sind, werden definitionsgemäß schwer zugänglich sein. Dafür soll das folgende klinische Beispiel gelten:

Eine Analysandin besucht ihre Tante, und sie sprechen über frühere Zeiten. Die Tante erzählt unter anderem, dass die Analysandin als Baby von sieben Monaten bei ihr zu Besuch war und sie in Schrecken versetzte, als ein sechsjähriges Nachbarsmädchen das Baby aus der Wiege nehmen wollte, es beinahe fallen ließ, aber am Bändel des Jäckchens gerade noch festhalten konnte. Als die Tante auf das Schreien des Mädchens hinrannte, baumelte die Analysandin, blau angelaufen, neben der Wiege. Auf Befragen bestätigte die Mutter die Geschichte. Der Analysandin wurde auf einmal klar, weshalb sie Gegenstände am Hals nicht leiden kann und Halsschmuck und geschlossene Blusen nicht erträgt. Sogar der Kragen ihres Kostüms ruft bei ihr rasch ein Engegefühl hervor. Natürlich kann man nicht mit Sicherheit sagen, dass ein Zusammenhang zwischen dem Engegefühl und dem Vorfall mit sieben Monaten besteht, aber es könnte sein. Sie könnte sich eventuell des Ereignisses »körperlich« erinnern. Einen solchen Zusammenhang kann sie jedenfalls nicht selbst herstellen, sondern er wird erst durch die Mitteilung der Tante möglich.

Nach dem dritten oder vierten Lebensjahr, wenn das explizite Gedächtnis genügend entwickelt ist, werden die verschiedenen Aspekte eines Erlebnisses in beiden Systemen niedergelegt. Parallel zum impliziten Lebensszenario bildet sich auch ein explizites Szenario. Bei letzterem geht es darum, wie man der Welt begegnet, und um die inneren Bilder über die Beziehung zwischen uns und den anderen, deren wir uns im Prinzip, unter anderem abhängig von der eventuellen Abwehr, bewusst sein können. »Ich habe Angst vor Hunden, denn mit fünf Jahren wurde ich von einem Hund gebissen.« »Wenn ich groß bin, will ich einen Mann haben wie Papa.« »Schon mit zehn Jahren wollte ich Arzt werden.« »Mein Opa war ein echter Sozialist, durch ihn bin ich zur Politik gekommen.«

Es wird nun möglich, Fantasien zu entwickeln und auch zu speichern, die unter anderem auf dem beruhen, was im impliziten Gedächtnis niedergelegt ist. Einerseits kann es sich um Fantasien handeln, die zu erklären und begreiflich zu machen versuchen, was uns selbst in den Beziehungen mit anderen widerfährt, zum Beispiel: »Dass ich immer wieder zurechtgewiesen werde, weil meine Mutter ständig schlechte Laune hat, ist doch logisch, denn ich bin schlecht und gemein und innerlich voller Scheiße, das kann jeder sehen, der mir nahe kommt. Klar, dass niemand mit mir etwas zu tun haben will, schon gar nicht meine Mutter.« Andererseits kann es sich um Fantasien handeln, die ein Gegengewicht gegen die schmerzliche und schwer erträgliche Wirklichkeit bilden sollen, zum Beispiel: »Ich bin auf niemanden angewiesen, ganz gewiss nicht auf meine Mutter, denn ich kann es selbst; mein Koffer ist gepackt, und ich kann jederzeit gehen, wo immer ich auch bin.« In Kapitel 3 komme ich auf diese komplizierte Beziehung zwischen Fantasien und implizitem Lebensszenario zurück.

Es ist ein großer Unterschied, ob eine Erfahrung nur im impliziten oder auch im expliziten Gedächtnissystem niedergelegt ist. Ein Beispiel kann den Unterschied deutlich machen, der davon abhängt, ob das explizite Gedächtnis beteiligt ist oder nicht.

Zwei Kinder, das eine elf, das andere zwei Jahre alt, verbrennen sich am Ofen. Beide stellen eine Verbindung zwischen Ofen und Schmerz her, beide haben ein unbestimmtes unbehagliches Gefühl, wenn sie mit einem Ofen oder etwas Ähnlichem in Berührung kommen, aber das Kind von elf Jahren kann dies alles in einen Kontext einer Erinnerung an ein bestimmtes Ereignis bringen und etwa sagen: »Ja, das ist so, weil ich mich damals an einem Ofen verbrannt habe.« (Wimer Brakel/Snodgrass, 1998)

Die beiden Gedächtnissysteme zeigen auch eine gewisse Überlappung, und die dauernde Wiederholung kann explizites in implizites Gedächtnis umwandeln (Kandel, 1999). Das können wir zum Beispiel sehen, wenn wir Auto fahren lernen. Zuerst müssen wir uns einer Menge Handgriffe bewusst erinnern, doch mit der Zeit werden sie als automatische unbewusste motorische Aktivität in unser implizites Gedächtnis übernommen (ebd., S. 508).

Ich fasse zusammen: Bisher habe ich zwei Faktoren genannt, die bei Problemen der Verfügbarkeit von Erinnerungen aus der Kindheit eine Rolle spielen können. Der erste hat mit der langsamen Reifung des expliziten Gedächtnisses zu tun, der zweite mit dem Wesen des impliziten Gedächtnisses.

Das Wissen im expliziten Gedächtnis verwendet Symbolbegriffe und wird durch Sprache oder innere Bilder repräsentiert, zum Beispiel durch Gedanken, Überzeugungen und Fantasien. Dieses explizite Wissen kann, sobald das Gehirn entsprechend gereift ist, im Prinzip ungefähr ab dem dritten, vierten Lebensjahr dergestalt gespeichert werden, dass es, sofern nicht durch die Abwehr beeinträchtigt, später als Erinnerung verfügbar sein kann. Das sind auch die Erinnerungen, die Boltanski meint.

Das Wissen des impliziten Gedächtnisses wird nicht »erinnert«, sondern »gehandelt« (Clyman, 1991, S. 352). Es wird erst wahrnehmbar, wenn wir zum Beispiel in einer Therapie auf bestimmte Verhaltensweisen hingewiesen werden (Fonagy, 1999a). Dieses Wissen ist nicht durch die kindliche Amnesie beeinflusst, sondern ein stetiger Faktor, wie wir lebenslang emotional funktionieren. Als implizites Lebensszenario bildet es auch die Grundlage für unseren Umgang mit anderen. Es sind die Beziehungsmuster zwischen uns und den anderen, in denen gespeichert ist, wie wir uns in allen möglichen Situationen mit Selbstverständlichkeit verhalten, wie wir uns und andere sehen, wie wir erwarten, dass die Kontakte mit anderen

24

verlaufen werden, und wie wir versuchen werden, andere auf uns reagieren zu lassen. Das heißt nicht, dass diese Muster eine genaue Widerspiegelung der Erfahrungen unserer Kindheit darstellen. Da die Wahrnehmung unserer Erfahrungen nie neutral ist, werden die Muster unvermeidlich durch die Wünsche und Fantasien, die in diesem Moment vorhanden waren, entstellt sein, doch das ist alles unserer bewussten Erinnerung nicht zugänglich (ebd.; siehe auch Kapitel 8).

Zugangsschwierigkeiten infolge Verblassens oder Veränderung der Erinnerungen

Einen dritten Faktor bei Problemen des Zugangs zu unserer Kindheit bildet die Tatsache, dass Erinnerungen im Lauf der Zeit verblassen oder sich verändern können. Wir müssen uns klar machen, dass es sich dabei nur um das Wissen im expliziten Gedächtnis handelt. Der allgemeine Sprachgebrauch meint auch dieses Wissen, wenn von »Erinnerungen« die Rede ist.

Mit dem im impliziten Gedächtnis gespeicherten Wissen ist es eine andere Sache. Es ist wahrscheinlich unauslöschlich und kaum zu beeinflussen, solange es sich selbst überlassen bleibt (LeDoux, 1996, S. 252). Unter dem Gesichtspunkt der Evolution ist das auch verständlich. Wir brauchen nicht stets aufs Neue zu entdecken, wie wir uns am besten in der Welt behaupten können und welche Situationen gefährlich sind und besser vermieden würden. Wir erleben die relative Unauslöschlichkeit dieses Wissens auch täglich im praktischen Lebens. Als ich an meiner Sprechzimmertür etwas hatte verändern lassen, so dass sie nicht mehr nach innen, sondern nach außen aufging, musste ich eine Zeitlang bewusst in der Bewegung innehalten, mit der ich die Tür öffnete. Erst nach einer gewissen Zeit hatte ich mir die automatische Bewegung nach innen abgewöhnt; einigermaßen, denn wenn ich in Gedanken bin, kommt es immer noch vor, dass ich in die alte Bewegung zurückfalle.

In diesem Beispiel betrifft es das Muster des Umgangs mit einem unbelebten Objekt, nämlich der Sprechzimmertür. Die Muster in unserem Umgang mit einem lebendigen Anderen sind natürlich komplizierter, aber genauso schwer zu tilgen. Ihr Einfluss kann sich nur verändern, wenn wir unsere Aufmerksamkeit auf das Vorhandensein dieser Muster richten. Um etwas am Einfluss der implizit festgelegten Muster, mit denen wir der Welt begegnen, das heißt an unserem impliziten Lebensszenario, verändern zu können, ist bewusste Aufmerksamkeit notwendig; das zieht wichtige klinische Konsequenzen nach sich. Ich komme in Kapitel 7 ausführlicher darauf zu sprechen.

Während implizite Erinnerungen relativ schwer zu löschen sind, können explizite Erinnerungen im Lauf der Zeit verblassen oder sich verändern und dadurch später weniger gut abrufbar sein. Ich werde sechs Punkte aufzählen, die dabei eine Rolle spielen.

Einen *ersten Punkt* bildet die Tatsache, dass wir uns der Ereignisse umso besser erinnern, je emotional bedeutungsvoller sie sind. Untersuchungen haben gezeigt, dass dies mit einer besseren Speicherung im Gedächtnis unter dem Einfluss von Adrenalin erfolgt (LeDoux, 1996). Es ist also denkbar, dass bestimmte Erinnerungen nicht mehr abrufbar sind, weil die entsprechenden Ereignisse so unwichtig waren, dass sie nicht intensiv genug gespeichert wurden und verblassten.

Ein *zweiter Punkt* in diesem Zusammenhang betrifft die Selektivität unseres Gedächtnisses. Die Speicherung expliziter Erinnerungen ist stark abhängig von unserer Aufmerksamkeit (ebd., S. 209). Was unsere Aufmerksamkeit nicht fesselt, wird nicht oder nur mangelhaft gespeichert, und wir können uns dann nicht mehr daran erinnern. Je mehr wir bei etwas verweilen, desto besser werden wir es festhalten und desto reicher wird unsere Erinnerung sein. Ein gutes Beispiel dafür ist die Begegnung mit jemandem, während wir mit etwas beschäftigt und nicht voll aufmerksam sind. Das kann dazu führen, dass eine Person uns bei einem späteren Zusammentreffen bekannt vorkommt:»Ich weiß, dass ich Sie kenne«, ohne zu wissen, wo wir sie hintun sollen:»Aber woher?« (Schacter, 1996)

Ein *dritter Punkt* ist das normale Vergessen, das mit der Zeit eintritt. Vieles von dem, was wir im Gedächtnis speichern, vergessen wir wieder, weil es keinen Nutzen und keine Bedeutung mehr hat und wir es nicht erneut in unserem Gedächtnis abspielen. Vor allem letzteres ist von großer Bedeutung für das Ausmaß, in dem Erinnerungen dem allmählichen Verblassen widerstehen. Dieses Verblassen ist wahrscheinlich eine Folge weniger starker Verbindungen zwischen den Neuronen, die an der Repräsentanz eines bestimmten Ereignisses beteiligt sind. Wenn wir uns regelmäßig wieder an etwas erinnern oder mit anderen darüber sprechen, werden die Verbindungen sogar verstärkt, und wir werden das fragliche Ereignis besser behalten (ebd.).

Ein *vierter Punkt* beruht auf der Tatsache, dass Erinnerungen sich unter dem Einfluss des »present remembering context«, des Erinnerungskontextes dieses Augenblicks, verändern können (Stern, 1995). Nach diesem Konzept sind unsere Erinnerungen einer dauernden Veränderung unterworfen, da die augenblickliche Situation mit allen dazugehörigen Gefühlen, Gedanken und Wahrnehmungen darüber bestimmt, welche Netzwerke im Gedächtnis aktiviert werden und welche Fragmente dementsprechend nach oben gelangen und zur Erinnerung werden (ebd., S. 181). Der Inhalt unserer expliziten Erinnerungen ist unter anderem von der inneren und äußeren Situation abhängig, in der wir uns im Augenblick des Erinnerns befinden. So wird eine gedrückte Stimmung auch die Erinnerung bedrückender färben und gleichzeitig dazu führen, mehr an unangenehme Erlebnisse zu denken (Schacter, 1996). Diese Entstellung in der Retrospektive sehen wir zum Beispiel auch, wenn jemand gefragt wird, was er vor Jahren über eine bestimmte Frage dachte. Was er heute denkt, erweist sich für die Beantwortung dieser Frage als sehr wichtig. (ebd., S. 106). Dasselbe gilt auch für Beziehungen. Wenn zum Beispiel eine Beziehung inzwischen ein unerfreuliches Ende gefunden hat, färbt das unvermeidlich auf die gesamte Beziehungsgeschichte mit dem Partner ab. Diese nachträgliche Anpassung unserer Erinnerungen an unsere heutige Situation hat natürlich auch mit unserem Bedürfnis nach Sicherheit und Vorhersagbarkeit zu tun; das gilt auch für das Bild, das wir von uns selbst haben. Darauf komme ich in Kapitel 3 ausführlicher zurück.

Auch die Tatsache, dass bestimmte Erinnerungen im einen Moment auftauchen und im anderen nicht, hängt mit dem »present remembering context« zusammen. Hierfür bietet die Elternschaft ein gutes Beispiel. Wenn man Kinder hat, werden allerlei Erinnerungen an die eigene Kindheit wach gerufen (Groen-Prakken/Ladan, 1999). In diesem Zusammenhang kann man von kontextabhängigem Erinnern sprechen; dabei sind wir von bestimmten »Erinnerungsmerkmalen« abhängig. So weiß ich noch gut, wie ich Jahre nach meiner Ecuador-Reise an einem kühlen Sommerabend in den Niederlanden auf der Straße den Brandgeruch eines offenen Kamins wahrnahm und plötzlich wieder im Morgengrauen inmitten der Holzfeuer von Otavalo war, wo kleine, schwer bepackte Indianer sich schweigend auf den Weg zum Markt machten. Ohne dieses Erinnerungsmerkmal hätte ich mich jenes Ereignisses nicht in dieser Intensität und Deutlichkeit erinnert. Beim Erinnerungsprozess sind wir also wesentlich auf die richtigen Erinnerungsmerkmale angewiesen. Es ist dann auch gut denkbar, dass wir uns bestimmter Teile unserer Vergangenheit nicht bewusst sind, weil wir nicht den Merkmalen begegnen, welche die schlafenden Erinnerungen zum Leben erwecken. Darin könnte einer der Gründe liegen, weshalb die Begegnung mit Menschen, die wir lange nicht gesehen haben, so starke Gefühle mobilisieren kann. Diese alten Freunde verhelfen uns zu Merkmalen, die wir spontan nicht erzeugen würden; durch sie können wir uns an Dinge erinnern, die andernfalls weiterschlummern würden (Schacter, 1996, S. 63).

Dass der Erinnerungsprozess so abhängig vom Kontext der Erinnerung ist, bedeutet auch, dass wir mit der Umschreibung von Erinnerungen als »vergessen« oder »verdrängt« und entsprechend »wiedergefunden« vorsichtig sein müssen (Bower/Silvers, 1998). Der emotionale Zustand eines Menschen kann bei einem bestimmten Ereignis die Bedeutung eines inneren Kontextes annehmen und als solcher einen Teil der Erinnerung an das Geschehen bilden. Gerät man wieder in diesen emotionalen Zustand, dann kann es das Erinnerungsmerkmal für das Auftauchen einer Erinnerung darstellen, die bis dahin unzugänglich war (ebd., S. 635). Es ist denkbar, dass, was wir in einer Psychoanalyse »Aufheben der Verdrängung« nennen, vor allem im Herstellen einer spezifischen Situation besteht, in welcher der Patient sich so wenig wie möglich von der Außenwelt ablenken lässt und im Dialog mit dem Analytiker eine optimale Aufmerksamkeit auf seine Innenwelt mit ihren emotionalen Erinnerungsmerkmalen entwickelt; es tauchen dann Erinnerungen auf, die vergessen schienen.

Ein *fünfter Punkt* beim Verblassen und Verändern unserer Erinnerung betrifft die Verletzlichkeit unseres »Quellen-Gedächtnisses«. Damit ist die Fähigkeit gemeint, genau anzugeben, wo und wann etwas geschah. Untersuchungen belegen, wie leicht das Quellen-Gedächtnis uns im Stich lässt (Schacter, 1996; Bower/Silvers, 1998). Das bedeutet nicht nur, dass wir nicht genau wissen, wo und wann etwas geschah, sondern bezieht sich auch auf die Frage, ob etwas wirklich passiert ist oder ob es sich nur um eine Fantasie handelt. Auch die Deutlichkeit und Genauigkeit von Erinnerungen hebt diese Unsicherheit nicht auf. Die Erinnerung an ein Ereignis, das fantasiert wird, kann sehr deutlich sein und wie die erinnerte Wahrnehmung eines Geschehens in der Außenwelt imponieren. Den einzigen Aufschluss über eine solche Situation kann uns nur die Quellen-Information geben, über die wir verfügen.

So ist leicht zu verstehen, dass Probleme mit unserem Quellen-Gedächtnis zu weittragenden und mitunter gefährlichen Entstellungen der Erinnerung führen können. Schacter berichtet von einem Mann, der unter dem Verdacht der Vergewaltigung festgenommen wurde, weil er genau der Personenbeschreibung eines Vergewaltigungsopfers entsprach. Dann stellte sich aber heraus, dass er kurz vor der Vergewaltigung in einer Life-Sendung im Fernsehen aufgetreten war. Das verschaffte ihm ein hieb- und stichfestes Alibi, so dass man ihn frei ließ. Bei der vergewaltigten Frau lag eindeutig ein Irrtum des Quellen-Gedächtnisses vor. Sie erinnerte sich an das Gesicht des Mannes, war sich aber nicht bewusst, dass sie ihn kurz vor der Vergewaltigung in der Fernsehsendung gesehen hatte (Schacter 1996, S. 118).

Da wir über unsere Erlebniswelt Kontrolle ausüben wollen, können auch Informationen aus dem impliziten Gedächtnis zur Verwirrung der Gedächtnisquelle beitragen. Wenn zum Beispiel eine bestimmte Emotion auftaucht, ohne dass wir verstehen, womit sie zusammenhängt (wie beispielsweise diejenige des zweijährigen Jungen, der sich am Ofen verbrannt hatte), kann es vorkommen, dass wir falsche Quellen, etwa ein fantasiertes Ereignis, erfinden, um uns zu erklären, weshalb wir uns in diesem Augenblick so fühlen (ebd., S. 171). Das alles stellt wieder ein Beispiel dafür dar, wie im impliziten Gedächtnis gespeicherte Information unser Leben beeinflussen kann, ohne dass wir uns dessen bewusst sind.

Schließlich gibt es noch einen *sechsten Punkt* beim Verblassen oder Verändern expliziter Erinnerungen. Ich sagte bereits, dass wir uns der emotional bedeutenden Ereignisse besser erinnern als der unbedeutenden. Das trifft auch im Allgemeinen zu, gilt aber nicht, wenn die Belastung bei diesem Ereignis zu stark oder zu langdauernd ist; mit anderen Worten, wenn man von einem Trauma sprechen kann. In diesem Falle funktioniert der Hippocampus unter der zu hohen Konzentration von Stresshormonen schlechter; dadurch wird das fragliche Ereignis nicht in einer Form gespeichert, die sich später gut verbalisieren lässt. Bei schwer traumatisierten Menschen, wie den Vietnamveteranen oder den Opfern von Kindesmisshandlungen, scheint der Hippocampus sogar irgendwie geschrumpft zu sein (LeDoux, 1996, S. 242).

Stresshormone beeinflussen die Strukturen des impliziten Gedächtnisses in dieser Weise nicht. Wahrscheinlich fördern sie sogar die Speicherung in diesem System. Dies alles macht es möglich, dass man schwache bewusste Erinnerungen an bestimmte traumatische Ereignisse hat und gleichzeitig starke implizite, also unbewusste Erinnerungen; sie kommen dann als Emotionen zum Ausdruck, die gleichsam als fremd erlebt werden und sich nicht gut einordnen lassen (ebd., S. 245).

Im Tierexperiment zeigt sich, dass die erwähnte Schädigung des Hippocampus, jedoch mit Verzögerung, auch auftreten kann, wenn ein Tier früh von der Mutter getrennt wird. Die resultierende Stressreaktion wird im impliziten Gedächtnis gespeichert und führt später zu hormonalen Veränderungen, die schließlich den Hippocampus schädigen und sekundär das explizite Gedächtnis beeinträchtigen (Kandel, 1999).

Aus all dem wird verständlich, weshalb traumatische Kindheitserlebnisse umso besser erinnert werden, je mehr Aufmerksamkeit, Unterstützung und Erklärung das Ereignis durch die Eltern erfuhr (Christianson/Lindholm, 1999). Durch ihre »Entwicklungshilfe« verhinderten die Eltern ja, dass die fraglichen Ereignisse wirksam werden konnten, so dass keine Schädigung im expliziten Gedächtnissystem zu Stande kommen konnte.

Zusammengefasst: Im zweiten Teil dieses Kapitels habe ich sechs Punkte aufgezählt, die beim Verblassen oder der Veränderung von Erinnerungen an Erlebnisse aus unserer Kindheit eine Rolle spielen. Diese sechs Punkte können grob in zwei Kategorien eingeteilt werden. Erstens können Erlebnisse aus verschiedenen Gründen im expliziten Gedächtnis unvollständig gespeichert sein; daher können sie später nicht gut erinnert werden. Zweitens kann es sein, dass Erlebnisse gut gespeichert sind, aber die entsprechenden Erinnerungen durch den zeitlichen Abstand und die fortwährende Bearbeitung erheblich verblassen oder entstellt werden oder nur mit Hilfe bestimmter Erinnerungsmerkmale wachgerufen werden können.

Schluss

Am Anfang dieses Kapitels stellte ich die Frage, was eigentlich normal ist, wenn es sich um Erinnerungen an unsere Kindheit handelt. Ich habe gezeigt, dass diese Frage in Wirklichkeit nicht zu beantworten ist, weil eine Reihe von Faktoren, die unmittelbar mit der Funktionsweise unseres Gedächtnisses zusammenhängen, die Kindheitserinnerungen beeinflussen können. Zum Teil handelt es sich dabei um den Einfluss der Zeit und der fortwährenden Bearbeitung, denen unsere Erinnerungen ausgesetzt sind. Wie sich herausstellen wird, befinden wir uns mit all dem schon im Grenzgebiet von Rolle und Bedeutung psychologischer Motive, die uns im nächsten Kapitel beschäftigen sollen.

2

Das verleugnete Kind

> Ich war nie ein kleines Kind.
>
> Roal Dahl: *Mathilda*

In Kapitel 1 wurde deutlich, dass der Zugang zu unserer kindlichen Erlebniswelt nicht selbstverständlich ist. Ich beschrieb drei unmittelbar mit dem Funktionieren unseres Gedächtnisses zusammenhängende Faktoren, die zu »Zugangsschwierigkeiten« führen können. Im vorliegenden Kapitel werde ich ausführlicher auf psychologische Motive eingehen, die den Zugang zur eigenen Kinderwelt erschweren. Dabei werde ich auf entwicklungspsychologische Aspekte hinweisen, die wichtig sind, um diese Motive besser einordnen und damit die Problematik der »Kopfwandler« besser verstehen zu können. Insbesondere werde ich Aspekte der Bindungstheorie und der Modalität diskutieren, wie Bindungsmuster einen Teil des im vorigen Kapitel dargestellten impliziten Lebensszenarios bilden.

Zugangsschwierigkeiten auf Grund psychologischer Motive

Die Schwierigkeit, sich an Ereignisse aus der Kindheit zu erinnern, kann durch psychologische Motive bedingt sein, die den Zugang zur eigenen Kinderwelt erschweren. Die Abwehr und der Zeitpunkt, wann sie eingesetzt wird, sind individuell verschieden, führen aber im Großen und Ganzen zum selben Ergebnis, nämlich einer mehr oder weniger ausgeprägten inneren Trennung zwischen der Welt von einst und jetzt.

Eines der für mich eindrücklichsten Beispiele einer solchen Trennlinie liegt bei Fräulein Bulstronk vor, der Schulleiterin in dem Roman *Mathilda* von Roald Dahl. Bei ihr geht die Trennlinie sehr weit. Sie hat den Schlüssel zum Kinderzimmer sozusagen weggeworfen, denn sie war nie ein Kind (siehe auch Ladan, 1990). Diese ziemlich originelle Ansicht bringt sie gegenüber den Kindern der ersten Klasse folgendermaßen zum Ausdruck:

»Kleine Mädchen sollten den Blicken entzogen werden. Sie sollten unsichtbar in Schachteln aufgehoben werden, wie Haarnadeln und Knöpfe. Ich kann unmöglich einsehen, warum Kinder so lange brauchen, um groß zu werden. Meines Erachtens tun sie das absichtlich.«
Ein (...) außerordentlich mutiger Junge in der ersten Bank machte den Mund auf und sagte: »Aber Sie waren früher doch auch ein kleines Kind, Fräulein Bulstronk.«
»Ich war nie ein kleines Kind!«, schnauzte sie. »Ich war mein ganzes Leben lang groß und sehe nicht ein, warum andere das nicht auch können.«
»Aber Sie müssen doch als Baby angefangen haben?«, fragte der Junge.
»Ich? Ein Baby?«, schrie die Bulstronk. »Wie wagst du es, so etwas zu behaupten? So eine Frechheit! Unverschämter Bengel!« (Dahl, 1988, S. 144)

Die von Fräulein Bulstronk vorgenommene Trennung scheint kognitiv wie emotional absolut. Obwohl Menschen wie sie wahrscheinlich tief im Innern sehr wohl wissen, dass sie selbst einmal Kinder waren, können sie es nicht zugeben. Fräulein Bulstronk hat das Kind in sich gewissermaßen abgetötet, wobei es sich übrigens um eine andere Art von Tod handelt als derjenige, den Boltanski meint (siehe Kapitel 1). Meist ist die Trennung zwischen Erwachsenen- und Kinderwelt nicht so weitgehend, auch nicht bei den »Kopfwandlern«, und auf kognitiver Ebene wissen sie natürlich und geben es auch zu, einmal ein Kind gewesen zu sein, obwohl das lange, lange her ist. Das Problem ist vielmehr, dass sie nicht wirklich fühlen können, wie es war, oder, mit anderen Worten, dass sie es doch nicht ganz wahr sein lassen können, selbst wirklich ein kleines Kind gewesen zu sein. Warum ist das manchmal so schwer?

Hilflosigkeit

Ich denke dabei vor allem an die Hilflosigkeit der Kinder. Sie zeigt sich im körperlichen, kognitiven und emotionalen Bereich. Kinder sind psychisch und physisch abhängig und verfügen auch über weniger Möglichkeiten, die Welt intellektuell zu meistern. Sie sind nicht nur hochgradig ihrer äußeren Situation, sondern auch den inneren Vorgängen ausgeliefert. Zur Zeit wird viel über die große Kompetenz der Kinder gesprochen; die haben sie natürlich auch. Kinder können viel aushalten, haben auch viele Möglichkeiten und Reserven und machen sich zum Teil selbst zu ihren eigenen Eltern (Boer, 1998). Das alles ist gleichzeitig relativ. Wer Kinder genau beobachtet, muss zwangsläufig realisieren, dass sie doch vor allem abhängig sind. Das macht verständlich, dass wir bei weitem nicht immer erpicht darauf sind, uns in Kinder zu versetzen, indem wir uns wieder ein Stück weit wie ein Kind fühlen, das heißt, uns erinnern, wie es als Kind war. Dabei hilft uns nicht nur der zeitliche Abstand, sondern auch der Abstand in unserer körperlichen und geistigen Verfassung. Der körperliche Unterschied zwischen dem Jungen von acht Jahren und wie ich heute bin, ist sehr groß und bewirkt, dass es wirklich um eine andere Welt geht, in der ich physisch viel abhängiger und hilfloser war.

Dasselbe gilt für die geistige Situation der Erwachsenen. Als Erwachsener verfüge ich zum Beispiel in der Regel bis zu einem gewissen Grad über die Fähigkeit zu »lesen«, was in anderen vorgeht; dadurch hat man in den sozialen Kontakten ein Gefühl der Kontrolle (Tuch, 1999). Diese Fähigkeit setzt ein gewisses Maß an kognitiver Entwicklung im Umgang mit anderen voraus. So muss ich realisieren können, dass in vielerlei Situationen verschiedene Gesichtspunkte möglich sind. Ich bilde in meinem Kopf ja keine Kopie der äußeren Welt ab, sondern konstruiere sie ganz persönlich, was andere Konstruktionen nicht ausschließt (ebd., S. 170). Auch muss ich verstehen, dass eine Überzeugung falsch sein kann und dass vielleicht jemand mich zu täuschen versucht. Daneben muss ich auch die Vorstellung von Persönlichkeitszügen als dauerhaften inneren Zuständen entwickelt haben, die erklären können, warum sich jemand gerade so verhält und nicht anders. Schließlich muss ich zur Metakognition fähig sein, das heißt, darüber nachdenken zu können, wie ich denke und wie ein anderer denkt, was ich denke (ebd., S. 174f.).

Die zunehmende soziale Kognition führt im Laufe der Entwicklung dazu, dass unsere Erinnerungen fortwährend »Entwicklungsrekonstruktionen« unterworfen sind, einer speziellen Form des im ersten Kapitel erwähnten »present remembering context«. Dabei werden die ursprünglichen Erfahrungen neu überdacht und können eine andere Gewichtung und Bedeutung bekommen. Um wieder mit den Augen des Kindes von damals auf eine bestimmte Erfahrung blicken zu können, müsste ich als Erwachsener meine kognitiven Errungenschaften wenigstens zeitweise aufzugeben im Stande sein. Angesichts der im Lauf der Zeit in der kognitiven Neuroarchitektur des Gehirns auftretenden Veränderungen scheint dies nicht gut möglich. Es ist denn auch nicht wahrscheinlich, dass die Erinnerung an ein Ereignis, das mit Hilfe motorischer und Wahrnehmungsschemata gespeichert wird, über die ein kleines Kind zu dem gegebenen Zeitpunkt verfügt, später durch erklärende und interpretierende Schemata des Erwachsenen unverändert wiedergefunden werden kann (Ceci, 1995, S. 95). Freud sagte 1899, wir hätten wahrscheinlich keine einzige bewusste Erinnerung *aus* der Kindheit, sondern ausschließlich *an* die Kindheit. Das zeigt sich auch daran, wie wir uns an die Kindheit erinnern: Wir sehen uns, im Bewusstsein, selbst dieses Kind zu sein, befinden uns aber zugleich in der Position des Zuschauers. Das bedeutet, dass eine einschneidende Bearbeitung stattgefunden haben muss, weil die ursprüngliche Wahrnehmung natürlich mit Kinderaugen erfolgte (Freud, 1899, S. 552). Und soweit eine Rückkehr zum »Kinderstandpunkt« schon möglich ist, wird es oft eine Rückkehr mit einer Abneigung gegen die Zeit des Kleinseins und der kognitiven Hilflosigkeit bedeuten, denn damals waren noch viele Dinge undeutlich, verwirrend und unverständlich (Tuch, 1999, S. 181).

Aufgrund all dessen liegt es nahe, dass ich mich von diesem verwirrenden Kleinsein distanzieren und mich fest in der mir eigenen Kognition verankern will, um mich in Ruhe mit »erwachsenen« Dingen beschäftigen zu können. Außer der Hilflosigkeit kann bei dieser Abneigung auch Neid eine Rolle spielen. Die kindliche Kognition macht ja auch die uneingeschränkten Zukunftserwartungen möglich, die das Kind so intensiv und selbstverständlich genießen kann. Als Erwachsener musste ich dagegen so viel zu beherrschen lernen und von all den schönen Kindheitsfantasien sah ich wenig in Erfüllung gehen (van Leeuwen, 1989).

Sich davon zu distanzieren, dass man klein ist, beschränkt sich nicht auf das Erwachsenenalter, sondern kann schon in der Kindheit vorhanden sein. Man denke nur an das ältere Kind, das geringschätzig auf sein jüngeres Geschwister herabschaut. Dabei kann Scham über die eigenen intellektuellen Konstruktionen mitspielen, jetzt, wo das Kind mehr weiß: »Er glaubt noch an den Weihnachtsmann.« Oder Schuld und Scham wegen der starken ödipalen Wünsche: »Ich weiß wirklich etwas Besseres, als später meine Mutter heiraten zu wollen.« Es kann ein Modus sein, starkem Neid und Rivalität dem jüngeren Kind gegenüber stattzugeben: »Ich habe keine so dummen, kindischen Wünsche.« Dieser Neid kann noch verstärkt werden, wenn sich das Geschwister Dinge erlauben darf, die das ältere Kind gern tun würde, die aber seinem Alter nicht mehr angemessen sind, etwa ungeniert in die Windeln zu machen.

Manchmal spielt bei all dem auch die zunehmende Enttäuschung des Kindes über seine Eltern eine Rolle: Sie scheinen stets weniger mächtig gewesen zu sein, als das Kind hoffte oder dachte. Auch diese Desillusionierungen können wieder das mit der Kindheit verbundene Gefühl von Hilflosigkeit verstärken und später beim Erwachsenen die Lust beeinträchtigen, sich wieder als Kind zu fühlen.

Entwicklungshilfe

Die Abneigung, uns zu erinnern, wie es als Kind war, kann sich noch verstärken, wenn sich in der Kindheit schwer zu verkraftende Dinge ereignet haben. Das ist bei den »Kopfwandlern« der Fall. Es braucht sich dabei nicht um eindeutige Traumata zu handeln. Ich denke eigentlich vor allem daran, was es für Kinder bedeutet, wenn die Erwachsenen in ihrer Umgebung ihnen zu wenig zu Hilfe kommen.

Diese Hilfestellung muss weit gefasst werden. Es geht also beispielsweise nicht nur um ein Kind, das in seiner Familie von den Geschwistern terrorisiert wird, ohne dass Vater oder Mutter eingreifen, oder um ein Kind, das von den Eltern geschlagen oder sexuell missbraucht wird. Auch ohne dass eine eindeutige Vernachlässigung vorliegt, kann ein Kind einen Schaden davontragen, wenn es durch diverse Umstände eine andere Art Zuwendung und Liebe erfährt, als es eigentlich braucht (Sroufe, 1999). Wie aus Entwicklungsstudien hervorgeht, handelt es sich dabei nicht nur um die Qualität der Versorgung durch die Eltern, sondern auch um den Zeitpunkt, zu dem sie gewährt wird.

Es stellt sich immer deutlicher heraus, dass es beim kleinen Kind bestimmte entscheidende Phasen gibt, in denen es mit einer angemessen reagierenden Umwelt im Austausch stehen muss, damit die Entwicklung des Gehirns und der Persönlichkeit zufriedenstellend verlaufen können (Kandel, 1999, S. 513). Dabei ist vor allem wichtig, dass das Kind eine sichere Beziehung zu den Eltern herstellen kann, in der seine Gefühle ausreichend wahrgenommen und benannt werden. Die Bedeutung dieser sicheren Beziehung weist auf die Bindungstheorie hin, wie sie ursprünglich von Bowlby (1969, 1973, 1980) entwickelt wurde. Sie gewann für die Psychoanalyse eine große Geltung (Diamond/Blatt, 1999a, 1999b). Bowlby meint, es gäbe ein universelles menschliches Bedürfnis, intime emotionale Beziehungen herzustellen. Dieses Bedürfnis betrachtet er als ein angeborenes motivationales System, vergleichbar dem Hunger und Durst. Es organisiert die Erinnerungsprozesse des Kindes und stellt die Kontaktsuche und Nähe zur Mutter her (Kandel, 1999, S. 513). Unter evolutionären Gesichtspunkten nehmen dadurch die Überlebenschancen des Kindes zu, so dass die Möglichkeit, später das genetische Material weiterzugeben, größer wird.

Zunächst gerät ein Kind durch Ereignisse, welche die Nähe zur Mutter beeinträchtigen, außer sich. Es reagiert mit Protestverhalten, wie weinen, in der Absicht, die Nähe wiederherzustellen und damit die Gefahr zu beenden, die mit der Trennung von der Mutter einhergeht. Wenn trotz des Protestes die Nähe nicht wiederhergestellt wird, schlägt der Protest um, und das Kind fügt sich verzweifelt. In diesem Zustand wird Energie gespart und Gefahr vermieden. Das verzweifelte Sich-Fügen kann auch als Versuch des Kindes ange-

sehen werden, sich auf ein langes, passives Überleben in Abwesenheit der Mutter vorzubereiten (ebd., S. 514).

Doch scheint die Fähigkeit, in Gefahrensituationen bei den Erwachsenen eine beschützende Reaktion auszulösen, nicht die einzige evolutionäre Funktion des Bindungssystems zu sein (Fonagy,
1999b). Die Nähe von Mutter und Kind macht es auch möglich, dass
die Mutter die vom Bindungssystem des Kindes ausgehenden Signa-
le sensibel und emotional beantwortet. Diese Reaktionen dienen
einerseits der Stärkung und Bestätigung positiver emotionaler Zustände des Kindes. Andererseits bezwecken sie die Besänftigung
negativer Zustände, indem sie dem Kind Schutz und Geborgenheit
bieten, wenn es ausrastet. Diese sich immer wiederholenden Erfahrungen werden im impliziten Gedächtnis als Erwartungshaltung gespeichert, die dem Kind helfen können, sich sicher zu fühlen
(Kandel, 1999): und sie bieten auch einen Kontext, in dem das Kind
lernen kann, seine Emotionen zu regulieren. Dies ausreichend bewerkstelligen zu können, stellt eines der wichtigsten Entwicklungs-
ziele beim Kind dar und ist mit einem starken Gefühl des Wohlbefindens verbunden. Dabei müssen wir uns überlegen, dass die Re-
gulierung der Emotionen besser möglich ist, wenn das Kind weiß,
womit sie zusammenhängen. Der Wille, die eigenen Emotionen
regulieren zu können, ist denn auch nicht unabhängig von dem
Wunsch des Kindes zu sehen, das emotionale Geschehen bei sich
und den anderen zu verstehen.

Wenn eine sichere Bindung zwischen Mutter und Kind besteht,
führt das beim Kind zu dem selbstverständlichen Gefühl des Wohlbefindens mit sich und anderen. Unsichere Bindung führt in diesen
Situationen hingegen zu Angst (ebd.). Wie ich noch weiter ausführen werde, hängt diese Angst mit unzureichender Hilfe oder mit
der Erwartung zusammen, dass sie unzureichend ausfallen wird.
Dadurch fühlt sich das Kind hilflos dem ausgeliefert, was in seinem
Inneren und in der Außenwelt auf es zukommt. Untersuchungen
haben denn auch gezeigt, dass die Qualität elterlicher Fürsorge bestimmt, wieweit ein Kind sich später einmal zu binden vermag
(Fonagy/Target, 1998).

Bindungsmuster

Da das Bindungsmuster im impliziten Gedächtnis gespeichert wird und einen Teil des impliziten Lebensszenarios darstellt, wird es im Lauf der Zeit ziemlich stabil und beeinflusst auch die Modalität, wie Erwachsene in ihren Beziehungen funktionieren. So wird ein Erwachsener, der als Kind in einer sicheren Eltern-Kind-Beziehung aufgewachsen ist, eine größere Chance haben, ein stabiles Autonomiegefühl zu entwickeln. Er hatte die Möglichkeit, seine innere Welt zu entfalten und sie sich auch zu eigen zu machen: »Das ist meine einzigartige Innenwelt, das bin ich.« Diese sichere Eltern-Kind-Beziehung fördert auch die Entwicklung der schon früher erwähnten Fähigkeit zu »lesen«, was im anderen vorgeht (siehe Kapitel 1). Insbesondere wird er verstehen, dass sein Verhalten und das der anderen nicht vom Himmel fällt, sondern durch innere Zustände, das heißt, durch Gedanken, Gefühle, Wünsche, Fantasien und Überzeugungen zu Stande kommt. Wenn man das »weiß«, gewinnen die eigene Innenwelt und die Außenwelt an Bedeutung und lassen sich besser vorhersagen (ebd.).

Die Fähigkeit, eigenes und fremdes Verhalten in Begriffen innerer Befindlichkeiten zu deuten, weist darauf hin, dass man über eine Theorie verfügt, wie es im Inneren eines Menschen zugeht. Wie die Entwicklungspsychologie gezeigt hat, wird sich ein Kind nicht unmittelbar der eigenen inneren Zustände bewusst; das geschieht vielmehr durch die Vermittlung anderer (Gopnik, 1993). Erst wenn es zunächst die eigenen Absichten, Wünsche und Überzeugungen beim andern, meist der Beziehungsperson, wahrnimmt, weiß es allmählich, was sich in ihm selbst abspielt (Fonagy/Target, 1998, S. 14). Eine sensible Bezugsperson macht dem Kind durch ihr Verhalten deutlich, sie gehe davon aus, dass es von Wünschen, Überzeugungen und Gefühlen motiviert wird; etwa: »Warum weinst du? Hast du Hunger? Sind die Windeln nass? Nein, ich glaube, du fühlst dich einsam und willst genüsslich bei mir liegen. Ja, so ist es gut, jetzt lachst du wieder.«

Was sich ein Kind als Kern seiner psychischen Selbststruktur[8] zu

---

[8] Das »Selbst« ist aus dem »Ich« (dem Selbst als Subjekt) und dem »Mich« (dem Selbst als Objekt) aufgebaut. Das »Mich« ist die innere Darstellung des

eigen macht, ist nicht ein innerlich aufkommendes Selbstbewusstsein und auch nicht die Bezugsperson, die sich um das Kind kümmert, sondern ihr Verhalten, indem sie sich im gegebenen Augenblick optimal spiegelnd auf das Kind einstellt (ebd., S. 15). Ein Kind wird das übrigens auch bei einer weniger sensiblen Bezugsperson tun, von der es sich unzureichend unterstützt fühlt. In diesem Fall übernimmt es die von der Bezugsperson verwendete Strategie des Attunement ins eigene implizite Beziehungsmuster. Das kann dann zu einem Muster unsicherer Bindung führen, wobei sich grob drei Formen unterscheiden lassen.

An allererster Stelle steht die *vermeidende Form*, mit der das Kind sein Bedürfnis nach Sicherheit und Kontrolle zu regulieren versucht, indem es sich vom anderen abwendet im Sinne von: »Ich beschäftige mich mit mir allein. Was in dir vorgeht, wie du zu mir stehst und ob du mich im Stich lässt oder nicht, ist mir egal.« Oft handelt es sich um eine Bezugsperson, die das Ausrasten des Kindes gewissermaßen zur Seite schiebt, verleugnet und damit sozusagen ausdrückt: »Wenn du ausflippst, hast du von mir nichts zu erwarten.«

Bei der *ambivalenten Form* unsicherer Bindung wendet sich das Kind richtiggehend anklammernd dem anderen zu. »Mich beschäftigt dauernd, was in dir vorgeht und wie du zu mir stehst und was das für mich bedeutet.« Dabei geht es meist um Bezugspersonen, die das Ausrasten zwar akzeptieren, aber aufbauschen und wenig relativieren. Sie scheinen auszudrücken: »Ohne mich kannst du nicht existieren, ohne mich verlierst du die Nerven, und das kannst du nicht selbst auf die Reihe bringen.«

Während es sich bei der vermeidenden und ambivalenten Form der unsicheren Bindung um ein klares, gut organisiertes Muster handelt, ist dies bei der dritten Form, der *desorganisierten Bindung*, nicht der Fall. Kinder, die auf dieses Bindungsmuster zurückgreifen, um die Belastung durch unsichere Situationen zu handhaben,

---

Selbst, während das »Ich« seelische Prozesse oder Funktionen verkörpert, welche die Darstellung des Selbst unterstützen. Das »Ich« organisiert und interpretiert Erfahrungen, gewährleistet das Erleben von Kontinuität in der Zeit, erzeugt ein Gefühl von Freiheit oder Initiative und lässt Erfahrungen entstehen, mit denen wir uns selbst als getrennte Person erleben können (Fonagy/Target, 1998, S. 679).

scheinen sozusagen nicht mehr zu wissen, was sie tun sollen (Lyons-Ruth/Jacobvitz, 1999). Bei dem Muster desorganisierter Bindung handelt es sich vor allem um Kinder mit launischen und unberechenbaren Bezugspersonen. Sie sind zum Beispiel im einen Moment nett und im nächsten misshandeln oder vernachlässigen sie das Kind oder sie entwickeln wegen ungelöster eigener Traumata in ihrer Vergangenheit selbst Angst vor dem Verhalten des Kindes. Statt die Angst des Kindes zu mildern und ihm Sicherheit zu bieten, werden sie selbst zur Quelle der Angst. Verständlicherweise ist das Gefühl der Unsicherheit in diesen Beziehungen am stärksten. Das Kind scheint gewissermaßen dem anderen zu sagen: »Ich kann mich nicht auf das verlassen, was in dir vorgeht und wie du dich mir gegenüber verhalten wirst. Ich muss dich dauernd beobachten und mich so weit wie möglich nach dir richten. Es ist zu beängstigend zu wissen, was du fühlst, was dein Verhalten bei mir auslöst und wie ich mich selbst fühle. Ich kann nicht nachdenken und fühlen, sondern ich erstarre.« (Diamond/Blatt, 1999)[9]

---

[9] Im Rahmen dieses Buches kann ich nur auf einige Aspekte der Bindungstheorie kursorisch hinweisen. Für eine Übersicht über den rezenten Stand der Bindungstheorie und -forschung verweise ich auf das *Handbook of Attachment*, herausgegeben von Cassidy/Shaver (1999). Die in der Bindungstheorie unterschiedenen Bindungsmuster können in verschiedenen Phasen durch eine Reihe standardisierter Testsituationen ermittelt werden. So bietet das BBI, das Bindungsbiografische Interview, die Möglichkeit, bei Erwachsenen festzustellen, um welches Bindungsmuster es sich vorwiegend in ihren Bindungsbeziehungen handelt. Eines der Bindungsmuster, auf das im Erwachsenenalter zurückgegriffen werden kann, ist das der unsicheren, zurückweisenden (dismissive) Bindung. Erwachsene mit diesem Muster verleugnen und minimieren die Bedeutung, welche die Beziehungen für sie haben. Dieses Muster bezieht sich wahrscheinlich stark auf das kindliche Muster einer unsicheren, vermeidenden Bindung. Wie sich in diesem Buch zeigen wird, handelt es sich bei den »Ausnahmen« um ein zurückweisendes Beziehungsmuster.
Das BBI bietet vielleicht auch Möglichkeiten, bestimmte Aspekte der Wirksamkeit psychoanalytischer Behandlungen deutlicher sichtbar zu machen. Im Niederländischen Psychoanalytischen Institut wird zur Zeit in Zusammenarbeit mit der Universität Leiden ein Forschungsprojekt entwickelt, bei dem in verschiedenen Behandlungsphasen mit Hilfe des BBI das jeweils vorliegende Bindungsmuster ermittelt werden kann. So kann man unter anderem der Frage nachgehen, ob im Laufe der Behandlung Verschiebungen in den Beziehungsmustern der betreffenden Person vorkommen.

Eine ausreichend sensible Bezugsperson hilft dem Kind bei der Entwicklung der inneren Welt, in der es sowohl um die eigenen Gefühle als auch die der anderen weiß und in der es sich selbstverständlich als jemanden sieht, um den es sich lohnt und der nicht lächerlich ist. Das bedeutet auch, dass das Kind, wenn es richtig realisiert, was sich im anderen abspielt, in bestimmten Augenblicken doch selbstverständlich seinem eigenen Denken und Fühlen den Vorrang gibt. Mit anderen Worten, ein Kind kann sich auf diese Weise trennen und zu einem autonomen und auch in den eigenen Augen wertvollen Wesen entwickeln. Wie wichtig letzteres ist, wird vor allem in Situationen sichtbar, in denen das Kind Schwierigkeiten hat. So ist es zum Beispiel ein großer Unterschied, ob das Kind das zurückgezogene und abweisende Verhalten seiner Mutter auf ihren emotionalen Zustand beziehen kann oder ob es dieses Verhalten sich selbst als einem doofen und schlechten Kind zuschreibt (Fonagy, 1999).

Angemessene Entwicklungshilfe

Zur angemessenen Entwicklungshilfe gehört auch, dass die Eltern dem Kind Ereignisse, die es noch nicht verstehen kann, auf seinem Niveau zu erklären versuchen. Wenn dies nicht der Fall ist, wird das Kind oft die fehlenden Teile des Puzzles mit Hilfe seiner Fantasie zu ergänzen versuchen.

> Unreife Kognition ist der Wegbereiter für fantasiereiche Auffassungen über komplexe soziale Situationen, die das Kind im Augenblick des Erlebnisses unzureichend versteht. (Tuch, 1999, S. 157)

Ein Beispiel dafür ist das Kind, das noch nicht die Übertreibungen versteht, wenn seine Mutter zum x-ten Mal ausruft, dass sie stirbt. Für die Qualität der inneren Konflikte, die durch dieses Verhalten entstehen können, bedeutet es viel, ob das Kind diese Bemerkungen wörtlich oder mit Einschränkungen nimmt (ebd.). Im ersten Falle ist die Hilfe eines anderen, zum Beispiel des Vaters, nötig, um für die fehlenden Kognitionen zu sorgen und dem Kind zu erklären, was Mutters Ausruf wirklich zu bedeuten hat.

Ein anderes Beispiel betrifft die Art und Weise, wie kleine Kinder eine Ehescheidung »verstehen«. Sam, ungefähr drei Jahre: »Scheidung ist, wenn Mama und Papa sich hassen und die Familie tot ist.« Anne, vier Jahre: »Das bedeutet, dass man nie mehr heiraten wird, nie mehr, nie mehr.« Ben, fünf Jahre: »Es ist, wenn jemand ein Papier unterschreibt, jemand geht, und dann weinen die Kinder.« (Pruett/Kline Pruett, 1999). Diese Beispiele zeigen, dass Kinder eine möglichst deutliche Erklärung dafür brauchen, was sich genau in ihrem Leben ereignet.

Tuch zeigt auch, wie das Niveau der sozialen Kognition für den späteren Zugang zur Erinnerung an ein bestimmtes Ereignis ausschlaggebend sein kann. Er nennt als Beispiel einen achtjährigen Jungen beim Friseur. Beim Haareschneiden bewegt der Friseur seinen Unterleib rhythmisch am Arm des Jungen. Einem erwachsenen Beobachter ist klar, dass der Friseur masturbiert. Wenn der Junge versteht, was da passiert, ist es denkbar, dass er protestiert oder durch die homosexuelle Konnotation des Geschehens so verängstigt wird, dass er sich dumm stellt und das Erlebnis zu vergessen versucht. Der spätere Zugang zu dem Erlebnis wird unter anderem davon abhängen, wie angstbesetzt etwas bleibt.

Angenommen jedoch, er versteht noch nicht, was da stattfindet, so gibt es drei Möglichkeiten. Erstens, das Erlebnis kann ihn so wenig beeindrucken, dass die für die Speicherung im Gedächtnis notwendige Aufmerksamkeit nicht vorhanden ist. Zweitens, das Erlebnis wird in einer Form gespeichert, die der relativ naiven sozialen Kognition eines achtjährigen Jungen entspricht, zum Beispiel: der Friseur tanzt. Drittens, das Erlebnis wird nicht in einem bedeutungsvollen Kontext gespeichert, sondern als ein Rätsel, das auf Lösung wartet. Das Erlebnis kann dann wegen der nicht verstandenen und verwirrenden Emotionen genau erinnert werden (ebd., S. 176-180).

Bei den letzten beiden Möglichkeiten, wenn es also zur Speicherung im expliziten Gedächtnis kommt, können im Lauf der Zeit die bereits erwähnten Entwicklungsrekonstruktionen stattfinden. Im Beispiel dieses Jungen kann das bedeuten, dass im Augenblick einer solchen Rekonstruktion zum ersten Mal zu ihm durchdringt, was damals genau geschehen war, und außerdem, dass er zum ersten Mal die entsprechenden Gefühle bekommt. Wie es dann weitergeht, hängt von Qualität und Intensität der Gefühle und seiner Einstellung zu ihnen ab. Kann er die Gefühle gut aushalten, dann kann das Erlebnis, das nun (anders) verstanden wird, in einem neuen Kontext integriert werden. Eine andere Möglichkeit ist die, dass er sich gegen die aufkommenden Gefühle verteidigen muss und das fragliche Ereignis weniger gut integrieren kann. In diesem Fall spricht man von »Nachträglichkeit«, dem Phänomen, dass ein bestimmtes Ereignis einen aufgeschobenen Effekt hat (ebd., siehe auch Freud, 1896b; Modell, 1990). Während der Junge das Erlebnis anfänglich mehr oder weniger neutral hinzunehmen scheint, wird er sich durch zunehmende soziale Kognition mit einem Mal der wirklichen Bedeutung mit all ihren gefühlsmäßigen Konsequenzen bewusst.

Entwicklungsrekonstruktionen von Erinnerungen können natürlich vor allem die Bedeutung von Abwehr annehmen. So gebrauchen viele Erwachsene mit schmerzlichen Kindheitserinnerungen ihre erweiterte soziale Kognition, um sich empathisch in die Position ihrer Eltern zu versetzen: »Er hatte es doch sehr schwer! Betrachte doch nur mal die Verhältnisse damals. Und schau, was er selbst bei seinen Eltern mitmachte. Kein Wunder, dass er so zu mir war.« Es ist nichts dagegen einzuwenden, in solchen Situationen auch Verständnis für die Position der Eltern zu haben. Oft wird jedoch dieses Verständnis hauptsächlich eingesetzt, um nicht mit den Augen des Kindes sehen und den Schmerz, die Bestürzung und den gegenseitigen Hass nicht empfinden zu müssen. Ich habe bereits darauf hingewiesen, dass diese Bewegung auch aus der Position, aus der ein bestimmtes Ereignis erinnert wird, sichtbar werden kann. Es tritt dann eine Verschiebung auf. Statt mit eigenen Augen zu schauen, der sogenannten »Feldposition«, sind wir in der Position des Zuschauers. Nehme ich das Geschehen bei der Beerdigung meiner Großmutter als Leidtragender wahr, oder stehe ich als Zuschauer sozusagen am Rande des Geschehens und sehe mich aus der Distanz als einen Teil des Trauerzuges? Erwartungsgemäß löst letztere Position in der Erinnerung weniger Gefühle aus (Schacter 1996).

Das macht noch einmal deutlich, wie wichtig es ist, Kindern nicht nur emotional, sondern auch kognitiv zu helfen, einen besseren Zugang zu sich und ihrer Umwelt zu finden. Sie brauchen dann nicht länger als nötig in einer Welt voller unbegreiflicher und verwirrender Ereignisse umherzuirren, denen sie zwangsweise mit Hilfe von Fantasien eine Bedeutung und einen Zusammenhang zu geben versuchen.

Ist diese Entwicklungshilfe unzureichend, so kann das allerlei Konsequenzen nach sich ziehen; dazu gehört im Erwachsenenalter ein erschwerter Zugang zur eigenen Kinderwelt (Lynch/Cicchetti, 1998).

Kind und Erwachsener

Als letzten Punkt will ich noch ein anderes psychologisches Motiv nennen, wodurch der Zugang zum inneren Kinderzimmer erschwert sein kann. Es betrifft die Fähigkeit zur Desillusionierung der eigenen Kindheit. Das kann sich im Zusammenhang mit den Veränderungen auswirken, die mit der Elternschaft auftreten, auch wenn sie noch ausschließlich auf die Fantasie beschränkt ist. Wenn ein Kind auf die Welt ankommt, muss man ja notgedrungen die Elternrolle übernehmen: Nur *einer* kann Kind sein, der andere hat automatisch die Elternrolle. Das impliziert auch das Ende der eigenen Kindheit und aller damit verbundener Illusionen, einschließlich der Illusion der Unsterblichkeit (siehe auch Kapitel 6). Gerade der Umstand, die Tür zum Kinderzimmer verschlossen zu halten, macht es dann möglich, die Kindheit mit allem, was dazugehört, unangetastet zu erhalten. Das geht natürlich zu Lasten der Empathie für die Kinder, wie man zum Beispiel bei Eltern sieht, die zu vergessen scheinen, dass sie selbst auch einmal ein Kind waren. Auch der Neid der Eltern auf das Kind, das sie bereits haben oder das noch kommen soll, kann bei all dem eine Rolle spielen: das leidige Kind, das Dinge hat oder bekommt, welche die Eltern nun entbehren müssen oder nie hatten.

Ich will letzteres mit einer Vignette illustrieren.

Eine Analysandin berichtet vom Kampf mit ihrer fünfjährigen Tochter um das Essen. Sie ist der Ansicht, ihre Tochter müsse den Teller leer essen, und sie lasse die Tocher ungefähr eine halbe Stunde vor dem Teller sitzen. »Ich finde, sie muss das lernen, sie muss wissen, was geht und was nicht, sonst wird sie eine verwöhnte und anspruchsvolle Göre.« Sie schweigt eine Weile, dann sage ich: »Muss das jetzt

sein? Sie ist erst fünf«, worauf die Analysandin böse und entrüstet
ausruft: »*Ich musste auch immer meinen Teller leer essen, dieses ekel-*
hafte Sauerkraut mit Speckwürfeln.« *Danach ist sie wieder still, wird*
traurig und sagt, dass sie vergessen hatte, wie elend sie sich vor dem
Teller mit dem ekelhaften Essen gefühlt hatte, von dem ihr zum
Brechen schlecht wurde.
Ihr Neid auf die Tochter, die etwas bekommen sollte, was ihr vor-
behalten blieb, nämlich Verständnis, steht ihr als Mutter im Weg. Um
empathisch genug zu sein, muss sie sich erinnern können, wie es für
sie selbst war, als Kind vor dem Teller zu sitzen.

Schluss

Ich habe verschiedene psychologische Motive genannt, welche die
Tür zum inneren Kinderzimmer verschlossen halten und damit den
Zugang zu den Erinnerungen an die Ereignisse der Kindheit er-
schweren.

In den folgenden Kapiteln werde ich zuerst auf die Beziehung
zwischen dem impliziten Lebensszenario und unserer Fähigkeit zu
fantasieren eingehen. Dann geht es um Veränderungen beim inneren Kind, das mehr oder weniger zum Schweigen gebracht wird. Ich
werde zeigen, dass diese Veränderungen vor allem dank der psychoanalytischen Situation sichtbar werden können. Im täglichen Leben
gibt es ja selten eine Situation, in der zwei Menschen über längere
Zeit zusammen zu verstehen versuchen, wie das implizite Lebensszenario des einen von ihnen aussieht. Manchmal bekommt im Laufe dieses Prozesses das innere Kind, das so »tot« schien, wieder eine
Stimme, und es stellt sich dann heraus, dass es erstaunlich viel zu
erzählen hat.

3

Zwei Welten

Menschen sind soziale Wesen, aber als Psychoanalytiker müssen wir uns klar machen,
dass sie gleichzeitig in zwei Welten leben.
(...) Wir (...) verbringen einen großen Teil
unseres Wachlebens mit dem Versuch, uns
und unsere Umgebung so zu verändern, dass
die Diskrepanz zwischen den zwei Welten
möglichst klein wird.

J./A.-M. Sandler:
Internal objects revisited

In diesem Kapitel will ich anhand klinischer Vignetten aus der
Psychoanalyse von Frau A. einige Begriffe erklären, die notwendig sind, um die Problematik der »Kopfwandler« besser verstehen
zu können. Es handelt sich dabei vor allem um das Zustandekommen der Welt unseres impliziten Lebensszenarios und um die Bedeutung, welche den Fantasien dabei zukommt. Ich werde auch
zeigen, wie manche Fantasien »geheim« werden können. Daneben
werde ich auf die Diskrepanz zwischen den beiden Welten eingehen,
in denen wir leben: der Welt unseres impliziten Szenarios und der
wirklichen Welt, die wir mit den anderen teilen. Diese Diskrepanz

kann zu inneren Konflikten führen, die wir auf verschiedene Weise lösen können, unter anderem, indem wir von unserer Fähigkeit zu fantasieren Gebrauch machen.

Frau A.

Frau A. war Anfang vierzig, als sie Hilfe suchte. Sie fühlte sich oft niedergeschlagen und erlebte alles als sinnlos. Sie ging zwar ihrer Arbeit als Lehrerin nach, jedoch nur mit großer Anstrengung. Sie war mit einem fünf Jahre älteren Architekten verheiratet und hatte zwei halbwüchsige Kinder. Auch in der Familie hatte sie regelmäßig das Gefühl, sich hinzuschleppen. Am liebsten wäre sie im Bett liegen geblieben und hätte sich von Mann und Kindern versorgen lassen. Ihre Beschwerden hatten im letzten Jahr nach dem Tod einer guten Freundin deutlich zugenommen, aber untergründig bestanden diese Gefühle schon viel länger.

Im Interview sah ich eine recht schlanke, gepflegte Frau, die einen etwas bekümmert-deprimierten Eindruck machte. Sie berichtete spontan, worum es ging, und antwortete auch klar auf meine Fragen, aber es blieb alles etwas matt und gebremst, als läge ein Grauschleier über ihr. Im Laufe der Untersuchung ergab sich unter anderem, dass ihre eheliche Beziehung mäßig war. Sie beschrieb ihren Mann als einen freundlichen, aber auch etwas distanzierten und emotional verschlossenen Menschen. Schon seit Jahren spürte sie eine Unzufriedenheit und hatte das Gefühl, dass ihr etwas Wesentliches fehlte. Als ich darauf näher einging, erzählte sie mit Überwindung, sie misstraue manchmal ihrem Mann und könne sich ihm nur mit großen Schwierigkeiten hingeben. Das beeinträchtigte auch die Sexualität. Bei ihrem Mann konnte sie zum Beispiel keinen Orgasmus bekommen. Sie sagte, eigentlich fürchte sie sich etwas vor Männern, vor allem, wenn sie leicht dunkelhäutig seien. So bekam sie Angst, wenn sie allein auf der Straße einem dunklen Mann begegnete. Sie hatte oft darüber nachgedacht, womit das zusammenhängen könne, und kam dann auf das japanische Frauenlager in Indonesien, in dem sie vom zweiten bis fünften Lebensjahr mit ihrer Mutter interniert war. Obwohl sie kaum Erinnerungen an diese Zeit hatte, vermutete sie, dass sie dort Dinge erlebt hatte, die belastend und beängstigend waren und eine Erklärung für ihr Misstrauen gegenüber Männern bilden könnten.

Ihr Vater überlebte den Aufenthalt im Männerlager, aber bei seiner Rückkehr war er für sie ein Fremder, und so blieb es eigentlich auch. Die Familie kehrte so bald wie möglich in die Niederlande zurück, wo Frau A. kurze Zeit später ihre Mutter verlor. Sie starb an einer Infektionskrankheit, die sie sich im Lager zugezogen hatte. Als Frau A. acht Jahre alt war, heiratete der Vater wieder. Mit der Stiefmutter kam sie anfangs gut aus, aber das änderte sich, als eine Halbschwester und dann noch ein Halbbruder geboren wurden.[10]

Im Lauf der Zeit hatte Frau A. also selbst eine Verbindung zwischen dem Lageraufenthalt und der Angst vor Männern hergestellt. Sie wusste, dass sie jetzt nicht mehr im Lager war, dass ihr Mann kein Japaner war und sich ihr gegenüber anders verhielt als die japanischen Bewacher. Doch hatten die Erfahrungen in all den Jahren nach dem Lager keinen wesentlichen Einfluss auf das Weltbild gehabt, wonach sie Männern misstraute. Ich will versuchen zu erklären, wie wir diese auffallende und interessante Erscheinung verstehen können.

Das implizite Lebensszenario

In Kapitel 1 sagte ich, dass es zwei Gedächtnissysteme gibt, das explizite und das implizite. In letzterem wird die Information gespeichert, die mit dem Erlernen von Fertigkeiten und Gewohnheiten, wie Gehen, Sprechen, Rad und Auto fahren zu tun haben, aber auch damit, wie wir uns in der Welt bewegen, sowie mit Mustern, wie wir mit anderen umgehen, mitsamt den inneren Bildern von uns und ihnen. Die Beziehungsmuster, um die es sich hier handelt, kommen durch Tausende von Interaktionen zu Stande, die wir als Kinder mit den Menschen in unserer Umgebung austauschen. Dieser Prozess zieht sich durch die ganze Kindheit, insbesondere die

---

[10] In DSM-IV-Begriffen handelte es sich bei Frau A. auf Achse I um eine dysthyme Störung; Achse II fiel in die Kategorie der Persönlichkeitsstörungen NNB. Auch bei den Analysanden mit der geheimen Fantasie, eine Ausnahme zu sein, habe ich diese Konstellation auf Achse I und II regelmäßig vorgefunden. Manchmal lag auf Achse I außerdem eine Depersonalisationsstörung vor.

ersten Lebensjahre. In ihrer Gesamtheit bilden diese Muster das implizite Szenario.

Ich sagte auch, dies alles bedeute nicht, dass das in diesem Szenario gespeicherte Wissen eine genaue Wiedergabe unserer tatsächlichen Kindheitserfahrungen darstellt. Es wird unvermeidlich durch Wünsche und Fantasien verändert, die seinerzeit eine Rolle spielten, und zeigt vor allem an, was wir als Kind erlebt und (falsch) verstanden haben (Fonagy, 1999a; Target, 1998). Ich erklärte, dass das Wissen im impliziten Gedächtnissystem nicht erinnert, sondern »gehandelt« wird (Clyman, 1991, S. 352). In diesem Sinne ist das implizite Wissen nicht bewusst, es wird uns erst als Muster deutlich, wenn wir darauf hingewiesen werden, zum Beispiel in einer Behandlung.

Wenn wir uns jetzt mit diesem Wissen wieder Frau A. zuwenden, können wir uns vorstellen, dass ihr implizites Lebensszenario, soweit es Männer betraf, wesentlich durch ihre Lagererlebnisse geprägt war, obwohl sie kaum explizite Erinnerungen an die Ereignisse von damals hatte.

Jedenfalls war auch in der Analyse ihr Misstrauen gegenüber Männern deutlich an ihrem Verhalten zu erkennen. So fiel mir nach einigen Monaten auf, dass sie immer sehr kurz und sanft auf die Praxisklingel drückte. Wenn ich sie aus dem Wartezimmer abholte, gab sie mir auch stets eine »schnelle« Hand; das erlaubte mir kaum, sie zu berühren. Als ich sie auf dieses Verhalten hinwies und anregte zu untersuchen, was sie damit ausdrücken könne, fand sie das unsinnig: Ich würde aus völlig normalen Dingen, hinter denen es nichts zu suchen gäbe, ein Problem konstruieren. Ich beließ es dabei, aber in den folgenden Monaten spürte ich immer deutlicher, wie ängstlich und angespannt sie sich im meiner Gegenwart fühlte. Sie atmete oft schnell und lag meist kerzengerade und bewegungslos auf der Couch. Sie schien auch fast wegzurennen, wenn ich sagte, die Zeit sei vorüber. Als ich sie darauf hinwies und sie fragte, ob sie vielleicht Angst vor mir habe, reagierte sie erneut damit, dass ich übertreibe. Sie fühlte sich kritisiert und meinte, ich fände, sie solle sich anders verhalten. Sie kam doch regelmäßig zur Analyse und versuchte zu sagen, was sie bewegte. Warum musste ich dann noch allerlei Dinge herbeiholen? Wir hatten eine sachliche Absprache, und so wollte sie es auch beibehalten. Sie wollte unsere Beziehung rein sachlich sehen, und da brauchte man sich nicht weiter aufzuhalten. Das galt für mich, aber auch für sie. Sie nahm an, dass sie mir nichts bedeuten würde und dass ich mich jederzeit von ihr trennen könnte.

Als diese Sichtweise unserer Beziehung allmählich deutlich wurde, konnte ich mit ihr darüber sprechen, ob sie nicht das Ende der Stunde schon als einen Trennungsprozess erlebe. Denn ungeachtet, womit sie beschäftigt war, und ungeachtet ihrer momentanen Bedürfnisse bestimmte ich das Ende der Stunde: dass es nun an der Zeit war und sie gehen musste. Frau A. bestätigte, dass das Ende der Stunde ein paar Male ziemlich abrupt gewesen sei, und sie hatte es fast wie einen Überfall erlebt. Sie hatte sich dann auch zunehmend angewöhnt, auf die Zeit zu achten, so dass sie eigentlich schon »fertig« war, bevor ich sagen konnte, die Zeit sei vorüber. Sie erblickte darin übrigens nichts, worüber sie sich aufregen könnte. Es war doch ganz selbstverständlich, dass es so lief. Sie bezahlte mich für drei Viertelstunden, also war es mein gutes Recht, den Kontakt nach dieser Zeitspanne zu beenden. Ich behandelte sie gemäß unserer sachlichen Vereinbarung, und es wäre auch sehr merkwürdig, wenn sie etwas anderes als Sachlichkeit von unserer Beziehung erwarten würde.

So wurde allmählich deutlich, dass Frau A.'s Misstrauen mir gegenüber in der Selbstverständlichkeit zum Ausdruck kam, mit der sie unsere Beziehung als vollkommen sachlich zu betrachten wünschte. Gleichzeitig blieb dadurch dieses Misstrauen aber auch bis zu einem gewissen Grade verborgen. Frau A. hatte zwar eine kognitive Verbindung zwischen ihren Lagererlebnissen und der Modalität hergestellt, wie sie ihre Beziehung zu Männern erlebte, aber es schien doch so, als ob dies keine emotionale Untermauerung bekommen hätte, als ob es nicht echt geworden sei. In dem Maß, in dem wir öfter darüber sprachen, wie sie sich bei mir fühlte und was in manchen Augenblicken in ihr vorging, zum Beispiel wenn sie klingelte oder wenn die Stunde zu Ende ging, wurde mehr von ihrem Misstrauen sichtbar. So ging sie offensichtlich beim Telefonieren oft davon aus, ich sei nicht anwesend. Oder sie dachte, sie komme zur falschen Zeit oder ich hätte keine Lust und würde ihr einfach nicht öffnen. Es konnte eigentlich nicht anders sein, als dass ich schon lange genug von ihr hatte und ihr das auch bald mitteilen würde.

In allen möglichen kleinen Dingen kam so zum Ausdruck, dass mir in ihrem Erleben nicht zu trauen war, dass ich zwar ganz freundlich täte, aber jederzeit mein wahres Gesicht zeigen könnte. So wurde für sie denn auch immer spürbarer, wie ihre Art zu Handeln von der Überzeugung durchdrungen war, von Männern hätte man nichts Gutes zu erwarten. Obwohl sie keine diesbezüglichen Erinnerungen hatte, schien es ihr und mir denkbar, dass dies auch eine wiederholte Warnung hätte gewesen sein können, die sie von ihrer Mutter und den anderen Frauen im Lager zu hören bekam: »Sie tun oft freundlich, die Japaner, aber sei auf der Hut.«

Wie sich in den vorangegangenen Kapiteln zeigte, ist jedoch, was Frau A. unausgesprochen vermittelt wurde, sicher so wichtig wie eventuelle verbale Warnungen. Ich denke zum Beispiel an die verwirrende Anpassung aus Selbsterhaltungstrieb, die sie möglicherweise bei den erwachsenen Frauen beobachtet oder gespürt hatte. In dieser Anpassung dürften viele Gefühle, wie Angst, Erniedrigung, Scham, ohnmächtige Wut und Hilflosigkeit, eine Rolle gespielt haben. Aber beherrschend bei all dem wird doch die Botschaft gewesen sein, man müsse sich hüten – mit Sicherheit vor Männern. Täglich wird man ihr das sozusagen vorgelebt haben. Da ihr Vater und andere Männer nicht da waren, konnte Frau A. außerdem mit ihnen keine Erfahrungen machen, die für diese impliziten Verhaltensmuster gegenüber Männern ein Gegengewicht darstellten. Im Gegenteil. Über ihren Vater und die anderen Männer wurde zwar noch liebevoll gesprochen, aber auch der Vater war jemand, der plötzlich aus ihrem Leben verschwunden und dem deshalb eigentlich nicht zu trauen war.

Obwohl wir aufgrund der Dinge, die sich in der Analyse ergaben, nun immer öfter über ihr Misstrauen und seine möglichen Hintergründe sprechen konnten, veränderte sich zu meinem Erstaunen doch nicht viel. Ich hatte eigentlich erwartet, dies sei der Fall, nachdem sie den Inhalt ihres impliziten Szenarios nicht nur kognitiv, sondern auch emotional besser zu fassen bekam. Ich fand sie etwas entspannter, aber gleichzeitig hielt sie mich weiter deutlich auf Abstand. Dasselbe schien für die Beziehung zu ihrem Mann zu gelten. Auch mit ihm veränderte sich der Kontakt nicht spürbar, obwohl sie deutlicher zu merken begann, dass sie einen beträchtlichen eigenen

Anteil daran hatte, wie es zwischen ihnen verlief. Außerdem sprach sie öfter über das Lager und las mehr darüber, aber die Klagen über die Stimmung, derentwegen sie zu mir gekommen war, blieben eigentlich unverändert. Offensichtlich reichte die Erörterung ihres Misstrauens gegenüber Männern in der Übertragung, eines Misstrauens, das einen Teil ihres impliziten Lebensszenarios darstellte, nicht aus, um eine Veränderung herbeizuführen.

Das Zustandekommen des impliziten Lebensszenarios

Um das besser verstehen zu können, müssen wir uns noch etwas mehr in das Wesen des impliziten Lebensszenarios vertiefen. Wie sich herausstellte, bilden die Beziehungsmuster, aus denen es sich konstituiert, keine genaue Widerspiegelung der tatsächlichen Kontakte mit den anderen, vor allem mit unseren Eltern. Bei der Wahrnehmung und Verarbeitung dieser Erlebnisse gibt es unvermeidlich unter dem Einfluss unserer Wünsche und Fantasien in der Kindheit alle möglichen Verzeichnungen. So kommen in unserer Entwicklung fortwährend zwei Dinge zusammen: Einerseits gibt es wirkliche Erlebnisse, die wir in tausenden Interaktionen machen, und andererseits gibt es die Wünsche und Fantasien, die man als Versuche betrachten kann, die Ereignisse im Kinderleben verständlich und erträglich zu machen. In komplizierter wechselseitiger Beeinflussung entsteht dadurch ein Gesamt im impliziten Gedächtnis gespeicherter Muster, die nicht artikuliert werden können. Vielmehr kommen sie in Form unserer Beziehungen, in unserem Charakter, der Art, wie wir sprechen und wie wir unsere expliziten Erinnerungen auswählen und rekonstruieren sowie in unseren Fantasien zum Ausdruck (Target, 1998, S. 1024). Die individuellen Erlebnisse, die zu einem solchen Szenario beigetragen haben, können, müssen aber nicht, als umschriebene autobiografische Erinnerungen im expliziten Gedächtnis gespeichert sein, doch das Szenario selbst ist autonom, das heißt, nicht länger von den Erfahrungen abhängig, die dazu beigetragen haben (Fonagy, 1999a, S. 217).

Ich kann nicht genug betonen, wie wichtig es ist, uns klar zu machen, dass die auf dem impliziten Szenario beruhenden Beziehungsmuster keine Repliken unserer wirklichen Erfahrungen in der

Kindheit darstellen, sondern wesentlich unter dem Einfluss unserer Wünsche und Fantasien beträchtliche Veränderungen erfahren. Dabei geht es nicht nur um sexuelle und aggressive Wünsche, sondern vor allem um den Wunsch nach Sicherheit, Wohlbefinden und der Kontrolle über das eigene Leben (Sandler/Sandler, 1998; siehe auch Kapitel 2). Von Geburt an scheinen wir geneigt zu sein, die uns versorgenden Personen auch als Quelle der Lust, der Befriedigung und Sicherheit zu erleben (ebd.). Auch wenn die Beziehung zu dem/ der versorgenden Anderen schmerzlich und beängstigend ist, werden wir doch fortfahren, uns automatisch und selbstverständlich zu bemühen, dem Bild der Interaktion mit ihm oder ihr die gewünschte Färbung zu geben.

Ein derartiges im impliziten Gedächtnis gespeichertes Beziehungsmuster, das darauf aufbaut, was wir tatsächlich erleben und wie wir diese Erfahrungen entstellen, macht dann einen Teil unseres Charakters aus. Das kann dazu führen, dass wir später, ohne uns dessen bewusst zu sein, immer wieder die gleichen Partner wählen, mit denen wir unser implizites Szenario wiederholen wollen, auch wenn es schmerzlich und beängstigend ist. Einerseits ist es das, was wir gewohnt sind, was uns eingeprägt ist und was in seiner Unsicherheit das Sicherste und Vertrauteste ist. Andererseits scheint eine derartige Wiederholung die Möglichkeit zu bieten, nachträglich die so erwünschte Beziehung zu einem Elternteil herzustellen, der sich anders verhält, als es früher tatsächlich der Fall war.

Unsere Wünsche und Begierden hängen denn auch nie in der Luft, sondern implizieren automatisch das Bild einer bestimmten Form von Interaktion zwischen uns und anderen. Die Reaktion der anderen ist dabei genauso wichtig wie die Aktivität, die wir entwickeln. Wie reagiert der andere und wie muss ich mich verhalten, um die gewünschte Reaktion zu erzielen? Unter diesem Gesichtspunkt sind unsere Beziehungen zu anderen als Wunscherfüllung zu verstehen (ebd.). Das gilt nicht nur für die inneren Beziehungen, sondern auch für die Beziehungen in der Außenwelt. Der fragliche Wunsch wird erfüllt, indem man einen Anderen findet, der in der Wirklichkeit oder in der Fantasie auf die gewünschte Weise reagiert (ebd.).

Die Reduzierung der Diskrepanz zwischen der Welt unseres impliziten Szenarios und der Welt, die wir mit anderen teilen

Im Laufe des Lebens unternehmen wir immer Versuche, unser implizites Lebensszenario in der Außenwelt zu verwirklichen. Es handelt sich dabei einerseits um die Reduzierung der Diskrepanz zwischen den Beziehungsmustern, die wir innerlich zu den anderen haben, und andererseits um den tatsächlichen Zustand, in dem wir uns mit den anderen befinden (ebd.). Mit anderen Worten, was wir in der Beziehung selbstverständlich zu wünschen und zu brauchen glauben, soll sich nicht zu sehr von dem unterscheiden, was tatsächlich vorhanden und möglich ist. Ist diese Diskrepanz zu groß, sind Angst und Verzweiflung die Folge. Umgekehrt verschafft das günstige Zusammentreffen der inneren Beziehungsmuster mit der Außenwelt ein Gefühl des Wohlbefindens und der Sicherheit.

Wesentlich bei der Verkleinerung der Diskrepanz zwischen unserem impliziten Szenario und der Außenwelt ist die Möglichkeit, eine Wahrnehmungsidentität (»identity of perception«), die größtmögliche Angleichung einer bestimmten Wahrnehmung aus der Vergangenheit mit dem Jetztzustand, zu erreichen (ebd.). Man denke zum Beispiel an den Zustand von Wohlbefinden und Sicherheit beim kleinen Kind, wenn es sich völlig satt und befriedigt fühlt. Das ursprüngliche, vor allem körperliche Gefühl ist normalerweise an die Mutter oder eine Mutterfigur gebunden und bildet ein Muster, das wir unser ganzes Leben lang suchen, jetzt aber in angemessener, nicht kindlicher Form. So ist es gut vorstellbar, dass das Gefühl innigen Wohlbehagens, das von mir Besitz ergriff, als ich in Frankreich mit guten Freunden fröhlich im Freien bei einer herrlichen Entenbrust mit einer exzellenten Soße und dem genau passenden Wein zusammensaß, auf diesen kindlichen Zustand von Sicherheit und Wohlbehagen zurückverwies. Ich brauchte mir diese Übereinstimmung nicht bewusst zu machen, das heißt, die Wahrnehmungsidentität konnte verborgen bleiben, und der zu Grunde liegende Wunsch, der aus meinem impliziten Szenario heraus mein Verhalten steuerte, brauchte nicht ins Bewusstsein zu gelangen. Dann werden nur die intensive Zufriedenheit, gebunden an diese Erfahrung, und der starke Wunsch sichtbar und spürbar, mich wieder so wohl zu fühlen.

Die geläufigste Art, einen solchen Wunsch zu erfüllen, ist es, etwas in der Außenwelt zu verändern, so dass unsere Wahrnehmung mit der gewünschten Wirklichkeit in Übereinstimmung kommt (ebd., S. 42). Diese Veränderung in der Außenwelt können wir auf zweierlei Weise bewerkstelligen. Erstens können wir an unserem eigenen Verhalten etwas verändern. Zweitens können wir versuchen, am Verhalten des anderen etwas zu verändern. Gewöhnlich werden wir beides probieren, aber oft stoßen wir dabei an derartige Grenzen, dass wir einen anderen Weg einschlagen müssen, um die erwünschten Beziehungen aus dem impliziten Szenario zu verwirklichen. Dies geschieht über die Fantasie und scheint auf den ersten Blick nicht selbstverständlich. Ja, wie sollen wir uns vorstellen, dass durch die Fantasie eine Wahrnehmungsidentität hergestellt wird? Das ist auch nur möglich, wenn beim Fantasieren der Unterschied zwischen Realität und Fantasie zeitweilig zurückgestellt wird, auch wenn er, sofern notwendig, unmittelbar wieder hergestellt werden kann (ebd., S. 36). Im täglichen Leben ergeben sich derartige Situationen fortwährend, wie zum Beispiel im inneren Dialog einer Frau, die vor einem halben Jahr ihren Mann verloren hat: »Ich höre meinen Mann im Arbeitszimmer. Er kommt herunter. Ich werde schon einmal Tee einschenken. Aber du weißt doch, er ist tot. Ja, das weiß ich, aber lass mich, sei still. Ich habe seine Tasse schon hingestellt.«

Die Wahrnehmung in der Fantasie muss also zeitweilig Realitätscharakter annehmen. Diese Form der Wunscherfüllung ist normalerweise weniger befriedigend, als wenn sie eine Wahrnehmungserfahrung in der realen Welt wäre, aber vieles hängt dabei von der situationsbedingten Angst, von der Wahrnehmungsidentität der betreffenden Fantasie und von der Fähigkeit der betreffenden Person ab, ihren Unglauben eine Zeitlang aufzuschieben (ebd.). Möglicherweise spielt dabei derselbe Mechanismus wie im Traum eine Rolle. Im Traum befinden wir uns in einem Zustand, in dem die Gesetze der von uns mit den anderen geteilten Realität nicht in gleicher Weise gelten wie im Wachzustand. Die Hirnforschung hat denn auch gezeigt, dass beim Träumen der vorderste Bereich der Frontalhirnrinde, in der die Realitätsfunktionen zu einem beträchtlichen Teil lokalisiert sind, kaum aktiv ist (Solms, 1999). So ist es möglich, der Traumwahrnehmung doch ein großes Maß an Wirklichkeitscharakter zuzuerkennen. Es ist denkbar, dass etwas derartiges beim Fantasieren oder Tagträumen stattfindet. Der Bewusstseinszustand, in dem sich dieses Fantasieren abspielt, wird auch oft etwas traumartig umschrieben: »Ich spintisiere vor mich hin und bin nicht mehr ganz bei der Sache.« Auch der Ausdruck »in Gedanken versunken sein« weist in diese Richtung.

Dieses stärkere Nach-innen-gerichtet-Sein kann auch in anderer Hinsicht wichtig sein. Im Gegensatz zur Befindlichkeit beim Fantasieren werden beim Träumen die Reize aus der Außenwelt größtenteils nicht wahrgenommen. Um einigermaßen »erfolgreich« fantasieren zu können, ist es dann auch wesentlich, dass Wahrnehmungen, die nicht mit der Situation wie in dieser Fantasie übereinstimmen, geleugnet oder sogar dissoziiert werden können. Im Fall der Verleugnung bedeutet das, dass die betreffenden Wahrnehmungen in der Außen- oder Innenwelt nicht bewusst erkannt werden. Das ist möglich, weil die Evaluation eines bestimmten Ereignisses bereits in Gang gesetzt wird, bevor der Wahrnehmungsprozess abgeschlossen ist. Wir brauchen uns also zum Beispiel der Wahrnehmung eines bestimmten Ereignisses noch nicht bewusst zu sein, um es als schmerzlich, schädlich usw. bewertet zu haben und dann zu verwerfen (siehe auch Kapitel 1). Wenn von Dissoziation die Rede ist, wird man die fragliche Wahrnehmung erkennen, sie sich aber nicht selbst interpretieren, das heiß, man wird sie in ihrem unausgesprochenen »selbstschweigenden« Zustand belassen (Stern, 1997).

So können wir uns in der Fantasie eine Beziehung erschaffen, die uns hilft, die Diskrepanz zwischen unserem impliziten Szenario und dem tatsächlichen Sachverhalt zu verkleinern, wenn sich hierzu in der Realität zu wenig Möglichkeiten bieten. Ein weiterer Vorteil dieser fantasierten Beziehung mit jemand anderem ist noch der folgende: Derjenige, der die Fantasie hat, kann die darin dargestellte Beziehung viel besser als Wunscherfüllung kontrollieren, als es in der Wirklichkeit möglich wäre (Sandler/Sandler, 1998, S. 98). So berichtete ein Analysand, er fantasiere immer über seine zukünftige Partnerin. Fand er eine hübsch, ging er ihr jedoch aus dem Weg, statt etwas Schönes mit ihr zu unternehmen. Er hielt lieber an der Traumfrau fest, weil sie genauso war und reagierte, wie er wollte. Bei einer Frau aus Fleisch und Blut dagegen hätte er abwarten müssen, wieweit seine Wünsche mit den ihren übereinstimmten.

Auf jeden Fall würde es einen langen und mühsamen Weg bedeuten, eine gewisse Übereinkunft zu erzielen. Er klagte denn auch regelmäßig, dass Beziehungen so anstrengend seien.

Aufgrund dieser Ausführungen können wir sagen, dass wir die Diskrepanz zwischen der Welt unseres impliziten Szenarios und der mit den anderen geteilten Welt auf zweierlei Weise versuchen können zu reduzieren. Es kann durch Verhalten und durch Fantasien geschehen. Das bedeutet auch, dass der Inhalt unseres impliziten Szenarios auf die beiden folgenden Arten erkennbar werden kann: in unserem Verhalten und in unseren Fantasien. Beide können sich in der Übertragung bemerkbar machen. Der soeben erwähnte Patient reagierte zum Beispiel arrogant und beleidigt, wenn ich ihm beim Verschieben einer bestimmten Zeit nicht entgegenkommen konnte. Als wir näher darauf eingingen, ergab sich bei ihm die Übertragungsfantasie, ich hielte in meinem Kalender für ihn immer einen Reservetermin für den Fall parat, dass er davon Gebrauch machen wollte. Sowohl sein Verhalten als auch diese Fantasie wiesen auf ein implizites Szenario hin, in dem er als eine Art Prinz dastand und als solcher behandelt wurde. Im nächsten Kapitel komme ich ausführlicher auf dieses Szenario zurück.

Frau A.'s geheime Fantasie

Wie kann uns das helfen, die Probleme von Frau A. zu verstehen? Wie ich bereits sagte, hatte sie selbst eine kognitive Verbindung zwischen ihrer aktuellen Gefühlslage und den Erlebnissen im japanischen Lager hergestellt. Nur hatte das nicht viel geholfen. Dasselbe traf zu, als sie in der Analyse ihr Misstrauen Männern gegenüber deutlicher spürte und sie mehr über das Lager und darüber sprach, wie diese Erfahrungen ihr Leben bestimmt haben könnten. Sie empfand es als wohltuend, bestimmte Dinge besser einordnen zu können, aber sie fühlte sich weiterhin bedrückt.

Im dritten Analysejahr stellte sich eine allmähliche Veränderung ein, sie schien mir etwas mehr zu vertrauen. So brauchte sie am Ende der Sitzung nicht mehr wegzurennen und gab mir auch auf andere Weise die Hand, wenn ich sie im Wartezimmer abholte. Außerdem drückte sie ihre Anerkennung für unsere gemeinsame Arbeit aus und sagte zögernd, dass sie die Wochenenden ohne die Analyse manchmal schwierig fand. Nach den Sommerferien stellte sich heraus, dass es sogar Momente gab, in denen sie mich vermisst hatte. Ich hatte das Gefühl, dass wir auf einem guten Weg waren und sie es wagte, mir mehr anzuvertrauen, so dass ich eigentlich überrascht war, als sie in der zweiten Jahreshälfte zunehmend zu schweigen begann. Das hatte sie vorher kaum getan, und sie tendierte eher dazu, nach ein paar Minuten des Schweigens weiterzureden. Ich merkte deutlich, dass sie sich während des Schweigens ängstlich und verspannt fühlte. In solchen Momenten tauchten vor mir oft Bilder von beschämenden Situationen auf, und ich deutete an, ob sie möglicherweise schwieg, weil es um beschämende Inhalte gehe. Nachdem ich das wiederholt geäußert hatte, begann sie unter großem Zögern und unter Scham, über Gefühle und Fantasien zu sprechen, die sie manchmal auf der Couch hatte. Sie stellte sich dann vor, ich würde mich auf sie legen, sie würde die Arme um mich schlingen und mich fest an sich drücken. Wir würden uns streicheln und küssen und nie mehr loslassen. Alles wäre gut, es gäbe nur sie und mich, sonst nichts und niemanden.

Es wurde deutlich, dass wir in der Fantasie Mutter und Kind waren, wobei ich die Mutter war und sie das Kind, für das gesorgt wurde, das geborgen war und sich um nichts zu kümmern brauchte. Auch ein Bild, in dem ich auf den ersten Blick eine männliche Rolle zu erfüllen schien, war so zu verstehen. Unter großen Schwierigkeiten erzählte sie, dass ich mich auf sie legte und mein Penis in sie eindrang. Ich bewegte mich nicht, sondern blieb still liegen, totenstill. Dass mein Penis nun in ihr war und dort auch immer bleiben sollte, hatte für sie die Bedeutung, dass wir nun unverbrüchlich verbunden waren und dass alles für alle Zeit gut war. In der folgenden Periode kam allmählich zum Vorschein, dass diese Fantasien über mich der Ausdruck von etwas waren, was ich eine geheime Fantasie nennen würde. [11] Sie sieht etwa folgendermaßen aus.

---

[11] Ich ziehe den Ausdruck »geheime Fantasie« der »unbewussten Fantasie« vor. Beide Begriffe weisen, wie sich zeigen wird, meines Erachtens nicht auf unbewusste Fantasien im expliziten Gedächtnissystem hin, sondern auf Beziehungsmuster im impliziten Szenario. Durch den Zusatz »geheim« wird stärker betont, dass eine Bewegung vom expliziten zum impliziten Gedächtnis stattge-

Meine Mutter ist gestorben, aber nicht wirklich. Sie lebt noch und sieht, was mir widerfährt. Wenn es darauf ankommt, wird sie für mich sorgen. Ich muss nur warten und lieb sein und darf nicht mit fremden Männern gehen; dann taucht sie eines Tages wieder auf und nimmt mich zu sich, und alles wird gut werden.

Das hatte sie in der Übertragungsfantasie verwirklicht, in der wir für alle Zeit unverbrüchlich verbunden waren. Ich war ihr endlich erschienen und hatte sie mitgenommen, und nun war alles gut.

Eine derartige richtungweisende Fantasie taucht in der Analyse nie unmittelbar auf. Das geht auch nicht, wie ich noch zeigen werde, denn die geheime Fantasie bildet inzwischen einen Teil des impliziten Szenarios und ist daher als Beziehungsmuster im impliziten Gedächtnis gespeichert. Das bedeutet, dass sie außerhalb des Bewusstseins ihre Arbeit wie selbstverständlich verrichtet. Eigentlich können wir dann auch nicht mehr von einer Fantasie sensu strictiori sprechen. »Fantasien« gehören ja doch zu den Bewusstseinsinhalten des expliziten Gedächtnisses. Dass ich den Begriff »geheime Fantasie« dennoch beibehalte, hat mit der besonderen Entstehungsweise dieses Teils des impliziten Szenarios zu tun. Gewöhnlich entstehen die Beziehungsmuster im impliziten Szenario aus dem Zusammentreffen von realen Erfahrungen, die wir als Kinder mit anderen machen, und den Wünschen und Fantasien, die in diesem Augenblick eine Rolle spielen. Die geheime Fantasie dagegen entsteht als Beziehungsmuster, unabhängig von wirklichen Interaktionen, ausschließlich auf Grund dessen, was fantasiert wird. Das Muster trägt inhaltlich die Merkmale der ursprünglichen Fantasie, aber ohne dass wir noch dabei verweilen: es bringt seinen Einfluss mit Selbstverständlichkeit zum Ausdruck. Von diesem Einfluss bekommen wir in der Analyse bestimmte Verhaltensweisen oder Übertragungsfantasien zu sehen, aus denen wir das Vorhandensein der geheimen Fantasie als Muster ableiten können, um es dann gemeinsam mit dem Analysanden mit Worten zu konstruieren.

Im Gegensatz zur geheimen Fantasie selbst befinden sich das von ihr gesteuerte Verhalten und die Übertragungsfantasien im Bereich

---

funden hat und dass beim Analysanden eine Abneigung besteht, sich der Abkömmlinge der geheimen Fantasie bewusst zu werden.

des expliziten Gedächtnisses. Sie lassen sich, sofern man die Aufmerksamkeit darauf richtet, im Prinzip bewusst machen, obwohl das wegen der Abwehr sehr schwierig sein kann. Das war zum Beispiel bei den Übertragungsfantasien von Frau A. deutlich zu sehen. Sie war tief beschämt und tendierte stark dahin, ihre Fantasie möglichst schnell zurückzuweisen und an etwas anderes zu denken. Das bedeutete jedoch nicht, dass sie sich dieser Fantasien nicht bewusst gewesen wäre. Es bedeutete auch nicht, dass sie schon lange unbewusst vorhanden waren und jetzt sozusagen zum Vorschein kamen. Fantasien dieser Art werden dauernd in geeigneten Situationen durch den Wunsch erzeugt, die Beziehung, wie sie im impliziten Szenario vorliegt, Realität werden zu lassen. Vielleicht können wir den Ausdruck »unbewusst« dann auch besser für das reservieren, was sich im impliziten Gedächtnis befindet und nicht bewusst erinnert, sondern mit Selbstverständlichkeit »gehandelt« wird. [12]

Das alles bedeutet, dass, wenn man eine geheime Fantasie in Worte fasst, auch immer im Dialog zwischen Analytiker und Analysand von schrittweiser Konstruktion gesprochen werden kann (Sandler/Sandler, 1998). Die Konstruktion stützt sich sowohl auf das Material, das sich in der Übertragung zu erkennen gibt, als auch auf das Material, das aus der Lebensgeschichte bekannt ist. Für Frau A. implizierte das, sich allmählich darüber bewusst zu werden, wie sie in jeglicher Beziehung sozusagen gespannt darauf wartete, ob sie endlich jemanden gefunden hätte, der ihre Überzeugung wahr machen würde, ihre Mutter sei nicht tot, sondern komme zurück und mache alles wieder gut. Indem sie diese Erwartung realisierte,

---

[12] Während der Inhalt des impliziten Gedächtnisses nicht bewusst erinnert wird, sondern in der Art zu sein und zu handeln unverändert zum Ausdruck gelangt, ist der Inhalt des expliziten Gedächtnisses der Dynamik unterworfen. In ihr spielt nicht nur die Abwehr eine Rolle, sondern es gibt, wie in Kapitel 1 dargelegt, noch andere Faktoren von Bedeutung, die mit der Funktionsweise des expliziten Gedächtnisses zusammenhängen. Wenn wir uns an bestimmte Ereignisse und ihre emotionalen Konnotationen nicht mehr oder nicht mehr vollständig erinnern können, ist es tatsächlich unmöglich, mit Sicherheit die Ursache davon herauszufinden. Es stellt eine große Schwierigkeit dar, die Inhalte des expliziten Gedächtnisses als »dynamisch unbewusst« infolge der Abwehr zu bezeichnen, und macht auch die »Verdrängung« zu einem so mühsamen Konzept. Eine rezente Übersicht über den wissenschaftlichen Stand der unbewussten Prozesse findet sich bei Westen (1999).

musste sie zu der Schlussfolgerung kommen, die geheime Fantasie zu hegen, dass ihre Mutter noch lebte, obwohl sie natürlich ganz genau wusste, dass sie tot war.

Wenn wir uns auf die Probleme zurückbesinnen, derentwegen Frau A. zu mir kam, könnte die Hypothese lauten, sie sei traurig und unglücklich gewesen, weil sie die Zeit angehalten und alles weggeschoben hatte, was mit der Tatsache des Todes ihrer Mutter und dem verwaisten Kind zu tun hatte. Um selbst etwas an ihren Problemen ändern zu können, musste sie zuerst einen Blick auf das implizite Szenario bekommen, das ihrem Leben die Richtung gab und in dem sie die erwünschte Beziehung zwischen sich und den anderen in der geheimen Fantasie verwirklicht hatte. Diese Fantasie machte ihr unter anderem deutlich, dass sie ein Stück weit immer noch totenstill im Lager saß und auf ihre Mutter wartete; sie kam auch nicht mit dem Tod der geliebten Freundin oder der Rolle ihres Mannes in ihrem Leben zurecht. Sich die geheime Fantasie anzuschauen, würde bedeuten, nachträglich die Verzweiflung und Hilflosigkeit aus der Zeit erleben zu müssen, als ihre Mutter immer kränker wurde und schließlich starb; und natürlich auch die Zeit danach.

Das war offenbar nicht der einzige Grund, die Zeit anzuhalten und den Tod der Mutter nicht wahr haben zu wollen. Einen anderen Faktor bildete das enorme Schuldgefühl im Zusammenhang mit dem Tod der Mutter. Sie schien sich wegen des Vaters schuldig zu fühlen, weil sie oft gedacht hatte, der Falsche sei am Leben geblieben. Auch in Bezug auf die Mutter hatte sie Schuldgefühle, denn sie hatte sie während der Krankheit oft blöd gefunden, schwach und nicht im Stande, gut für das Kind zu sorgen und es zu beschützen, so anders, als sie vorher war, und so anders als andere noch gesunde Mütter. Vor allem über die Mutter einer Freundin hatte sie oft gedacht: Wäre sie nur meine Mutter! All diese schmerzlichen Gefühle, die kaum auszuhalten waren und mit denen sie sich hilflos und allein fühlte, konnte sie bannen, indem sie an der geheimen Fantasie festhielt, ihre Mutter sei nicht tot. Aber der Preis für diese Entstellung der Wirklichkeit war hoch und bestand darin, sich traurig und tot zu fühlen.

Die Bildung der geheimen Fantasie

Am Beispiel von Frau A. will ich deutlich machen, wie das Einbringen der geheimen Fantasie ins implizite Gedächtnis vonstatten gehen kann. Meiner Hypothese zufolge begann es bei ihr in der Kindheit mit dem Versuch, die Diskrepanz zwischen ihrem damaligen impliziten Szenario und der Wirklichkeit zu verkleinern. Durch den Tod der Mutter entstand ja eine Situation, in der das Verhältnis zwischen der inneren Beziehung zur Mutter und den tatsächlichen Gegebenheiten, nämlich dass sie tot war, zu groß wurde. Ich will das näher erläutern.

Obwohl ich es natürlich nicht mit Sicherheit sagen kann, denke ich, dass die Erlebnisse im Lager an sich den ausschlaggebenden pathogenen Faktor in ihrer Entwicklung gebildet haben. Ihre Mutter kam in den Erzählungen der anderen als eine nette, einfühlsame Frau vor, die sich gut in die Erlebniswelt von Kindern hineinversetzen konnte. Es scheint denn auch denkbar, dass vor allem dank der Beziehung zur Mutter die Zeit im Lager noch einigermaßen erträglich war. Unter dem Gesichtspunkt des impliziten Szenarios könnte das bedeuten, dass Frau A. über ein inneres Beziehungsmuster zur Mutter verfügte, in dem sie selbstverständlich von dem zuverlässigen Gefühl des Wohlbefindens und der Sicherheit ausgehen konnte; dazu gehörte auch das Vertrauen in die Verfügbarkeit eines anderen, der ihr notfalls zu Hilfe kam, selbst in der entsetzlichen Wirklichkeit des Lagers. In das alles brachen durch die Krankheit und den Tod der Mutter abrupte Veränderungen ein. In diesem Augenblick geriet Frau A. in eine Situation, in der ihr zu wenig geholfen wurde und sie Zuflucht zu der Fantasie nahm, ihre Mutter sei nicht tot.

Wie kann eine solche Fantasie geheim werden und einen Teil des impliziten Szenarios ausmachen, um, ohne dass man davon weiß, den weiteren Verlauf ihres Lebens solchermaßen zu bestimmen? Um diesen Prozess verstehen zu können, muss man sich erst bewusst machen, dass die Trennung von explizitem und implizitem Gedächtnis nicht absolut ist. Durch häufige Wiederholung kann es zu einer Verschiebung vom expliziten ins implizite Gedächtnis kommen; man denke nur an die Handgriffe beim Autofahren, die anfangs explizit gespeichert sind, später aber automatisch-implizit ablaufen. Die allmähliche Ausgestaltung der geheimen Fantasie stelle ich mir dann folgendermaßen vor.

Es begann bei Frau A. mit mehr oder weniger bewussten Gedanken, Überlegungen und Fantasien, die aber auf jeden Fall dem Bewusstsein zugänglich waren. Das heißt, sie befanden sich im Bereich des expliziten Gedächtnisses. Diese Gedanken, Überlegungen und Fantasien, die unter anderem mit vom Wissen um den Tod, über das sie damals als Kind verfügte, beeinflusst waren (Ladan, 1997), bildeten den Anlass für die gewünschte Beziehung in der Fantasie. »Was ist mit meiner Mutter passiert? Warum ist sie weg? Sie sagen, sie sei tot, aber was ist das? Sie haben sie im Sarg begraben. Warum machen sie das? Ich habe es nicht gesehen. Warum durfte ich nicht dabei sein? Vielleicht haben sie sie gar nicht begraben. Oder ist sie im Himmel? Mein Vater war auch plötzlich weg und ist wiedergekommen. Wenn ich nun sehr lieb und freundlich bin, kommt sie zurück. Jeden Abend im Bett denke ich an sie. Und ja nicht weinen, das mochte sie nicht.«

Es ist gut vorstellbar, dass Frau A. alle möglichen Anknüpfungspunkte in der Innen- und Außenwelt aufgriff, um den Tod der Mutter nicht wahr sein zu lassen und eine Fantasie zu entwickeln, in der die Mutter noch lebte und bald zu ihr zurückkehren würde. Diese Fantasie hatte sie in der folgenden Zeit Tag und Nacht zur Verfügung, um in ihrer verwirrenden und schwierigen Lebenssituation zu bestehen. Jeden Tag stellte sie damit die so notwendige Wahrnehmungsidentität her, indem sie der Wahrnehmung in der Fantasie Wirklichkeitscharakter verlieh.

Frau A. konnte sich einiger dieser Aspekte vage erinnern. Vor allem erinnerte sie sich, wie sie abends im Bett lag und das Foto ihrer Mutter auf dem Nachttisch betrachtete und sich vorstellte, ihre Mutter sei noch da. Darüber sprach sie mit niemandem, sondern hielt diese inneren Vorgänge als ihren geheimen Trost verborgen, der ihr immerdar zur Verfügung stand. Mit der Zeit kann eine solche Wiederholung dazu führen, dass die Beziehung in der Fantasie eine solche Selbstverständlichkeit erlangt, dass sie zu einem Muster wird und selbst einen Teil des impliziten Lebensszenarios bildet. In diesem Augenblick ist die Fantasie auch für ihren Urheber völlig geheim geworden. Wichtig dabei ist, sich klar zu machen, dass diese Bewegung vom expliziten zum impliziten Gedächtnis wahrscheinlich nicht die Folge eines Abwehrprozesses ist. Wie ich bei verschiedenen Analysanden gesehen habe, scheint die Abwehr bei ihnen in der Kindheit vor allem wirksam gewesen zu sein, als sich die Fantasie noch im Bereich des expliziten Gedächtnisses befand. Sie wollten absolut nicht gewusst haben, dass sie sich zum Beispiel in ihrer Fantasie als Erwachsene sahen, die niemanden brauchten und zufällig bei einer fremden Frau wohnten, die sich »Mutter« nannte. Oder sie stellen sich dauernd vor, sie seien so lieb, dass sie über kurz oder lang hören würden, sie dürften bei der Lehrerin einziehen. Eine solche fantasierte Beziehung war dann für die Umgebung geheim, aber keineswegs für den Analysanden selbst. Er machte maximalen Gebrauch von seiner Fantasie, um seine tatsächliche Lebenssituation erträglicher sein zu lassen. Der Übergang vom Bereich des expliziten zum impliziten Gedächtnis kommt dann wie selbstverständlich durch die tägliche Inanspruchnahme zustande. Selbstverständlich ist dann ein Muster entstanden, das die ursprüngliche Beziehung in der Fantasie zum Ausgangspunkt hat.

Bei Frau A. bedeutete dieser Übergang, dass sie schon lange nicht mehr realisierte, wie sie tagtäglich brav auf ihre Mutter wartete, die sie im Nachhinein noch holen würde. Ihr wurde bewusst, dass in ihrem Leben noch andere Wünsche eine Rolle spielten als der »normale« Wunsch nach einem netten Mann, reizenden Kindern, interessanter Arbeit usw. Sie registrierte bei sich das Gefühl innerlichen Totseins, starker Unruhe, Angst und trauriger Unzufriedenheit, die sie nur nicht recht einordnen konnte. »Ich habe doch alles, was das Herz begehrt. Warum kann ich dann nicht glücklich sein?«

Wir sehen also, dass die Fantasie, gerade weil sie für ihren Urheber geheim wird, selbst zur Diskrepanz beitragen kann, die hinsichtlich der tatsächlichen Beziehungswelt vorliegt, mit all ihren Folgen. Darauf werde ich in Kapitel 4 näher eingehen.

Es dürfte deutlich sein, dass es innerlich zu einem Durcheinander kommt, wenn eine derartige Fantasie ihrer »Selbstverschwiegenheit« entledigt wird und sich als Illusion erweist. Das stellt einen Angriff auf das zentrale Szenario im Leben eines Menschen dar und bedeutet gleichzeitig den Verlust eines inneren Haltes, auf den in allen möglichen schwierigen Situationen zurückgegriffen werden kann. Der schmerzliche Verlust von Halt und Sicherheit erklärt auch, warum die geheime Fantasie manchmal wie eine Sucht erscheint.

Als Frau A. Schritt für Schritt zu sehen begann, wie sie als Kind versucht hatte durchzuhalten, hatte sie viel zu verkraften. Das Paradies gab es nicht, viele schlimme Dinge geschehen einfach so, ihre Mutter war tot und kam nie mehr zurück, Männer wie ihren Vater und Ehemann hatte sie unnötig auf Distanz gehalten, sie hatte sich viel Freude versagt, und sie war kein Kind mehr, das noch alle Zeit vor sich hat, sondern eine Frau in den mittleren Jahren auf dem Weg zum Tod.

Diskrepanz und innerer Konflikt

Am Beispiel von Frau A. ist gut zu sehen, wie die Diskrepanz zwischen den impliziten Beziehungen unserer Innenwelt und den Beziehungen in der realen Welt eine Quelle großer Spannung bilden kann. Wir sind denn auch stark motiviert, die beiden Welten soweit wie möglich zusammenzubringen und Wege zur Lösung der schwierigen Aufgabe zu finden, gleichzeitig in beiden Welten zu leben (Sandler/Sandler, 1998, S. 139). Manchmal ist diese Diskrepanz so groß, und es gibt so wenig Möglichkeiten zur Veränderung der Außenwelt, dass wir auf unsere Fähigkeit zu fantasieren zurückgreifen müssen. Das war bei Frau A. der Fall.

Aufgrund seiner kognitiven und emotionalen Möglichkeiten ist ein Kind ganz erheblich von der Hilfe der Erwachsenen abhängig, um zu verstehen, was in der Außenwelt vor sich geht, und zu integrieren, was sich im Inneren hervortut (siehe auch Kapitel 2). Durch die Krankheit und den Tod der Mutter war für Frau A. plötzlich die wichtigste Helferin nicht mehr verfügbar, und sie blieb genau in dem Moment allein zurück, als sie ihre Mutter so nötig brauchte, um die traumatische Zeit im Lager und den Umzug in die Niederlande zu verarbeiten. Der Vater hatte seine eigenen Erlebnisse zu verkraften, den Tod seiner Frau inbegriffen, stand also ebenfalls nicht ausreichend als Helfer zur Verfügung. Auch seine plötzliche und lange Abwesenheit wird es Frau A. nicht leichter gemacht haben, ihm Vertrauen zu schenken.

Die Diskrepanz, die in einer solchen Situation zwischen dem

impliziten Szenario der Innenwelt und den tatsächlichen Beziehungen in der Außenwelt besteht, löst Gefühle von Angst und Verzweiflung und damit innere Konflikte aus. Letztere kommen zustande, wenn es sich um Sehnsüchte, Wünsche, Gedanken, Fantasien oder Wahrnehmungen handelt, die mit starken Gefühlen der Angst und Verzweiflung verbunden sind. Bei »Angst« ist es die Vorstellung, etwas Katastrophales könne eintreten, bei »Verzweiflung«, dass es sich bereits ereignet hat (Brenner, 1982). Die Diskrepanz bestand bei Frau A. sowohl in ihrem Selbstbild als auch dem Bild von anderen. Sie sah sich als ungeliebtes und im Stich gelassenes Kind ohne helfende und verfügbare Mutter einer nicht zu verändernden Wirklichkeit ausgeliefert. Dieses ungeliebte Kind fühlte sich dann durch seine sündigen Gedanken und das Bedürfnis, sein Leben zu kontrollieren, auch noch für die Katastrophe verantwortlich, die ihm in der Kindheit widerfahren war. Eben weil sie so hilflos und ohnmächtig dieser unerträglichen Wirklichkeit gegenüberstand, versuchte Frau A., die inneren Konflikte, welche die Folge all dessen waren, aufzulösen, indem sie auf ihre Fähigkeit zu fantasieren zurückgriff: Sie schuf sich eine Fantasie, in der ihre Mutter nicht tot und sie selbst nicht ungeliebt zurückgelassen war. Damit verschaffte sie sich auch die so erwünschte Wahrnehmungsidentität.

Durch den täglichen Rückgriff auf diese Fantasie gelangte diese allmählich als Muster in ihr implizites Gedächtnis und wurde damit selbst ein Teil des impliziten Szenarios. Für Frau A. bedeutete das, dauernd auf der Suche nach Personen in der Außenwelt zu sein, bei denen sie mindestens teilweise das Gefühl haben konnte, die Wunschbeziehung verwirklicht zu haben. Manchmal kam das vor, wenn jemand aus ihrer Umgebung die zugedachte Rolle einigermaßen übernahm. Ich denke zum Beispiel, Frau A.'s Stiefmutter hat das bis zu einem gewissen Grade auch getan. Mitunter lag der Akzent mehr auf dem Realisieren der erwünschten Beziehung in der Fantasie, wobei kleine Anknüpfungspunkte in der Außenwelt als Aufhänger dienten, um der Fantasie ausreichend Überzeugungskraft zu verleihen. So berichtete Frau A. zum Beispiel über eine Nachbarin, die immer nett war und denn auch eine Zeitlang einen zentralen Ort in ihrem Fantasieleben einnahm.

Begreiflicherweise ist die Psychoanalyse ganz besonders geeignet, Beziehungsmuster zwischen uns und anderen zu aktivieren (Fonagy,

1999a). Das hat nicht nur mit dem Setting der Psychoanalyse zu tun, sondern auch mit der wohlwollenden Neutralität und Akzeptanz, die der Psychoanalytiker anzubieten versucht, und mit seiner Bereitschaft, die ihm zugeteilten Rollen wenigstens einigermaßen zu übernehmen. Bei Frau A. boten das Setting der Analyse und mein Verhalten zunächst ausreichend Anknüpfungspunkte, um ihre Übertragungsfantasien als real erachten zu können. Die fraglichen Anknüpfungspunkte gaben ihr die Möglichkeit, ihren Unglauben sozusagen bei Seite zu schieben und die Beziehungswelt in ihrem impliziten Szenario so plausibel wie möglich mit der realen Welt zusammenfallen zu lassen (Sandler/Sandler, 1998). Dieser so notwendige Aufschub ihres Unglaubens macht auch deutlich, warum sie sich anfangs absolut nicht damit befassen wollte, wie es sich zwischen ihr und mir verhielt. Hätte sie das getan, hätte es unvermeidlich zu ihr durchdringen müssen, wie sehr das, was wir taten, sich von dem unterschied, was im selbstverständlichen Muster ihrer geheimen Fantasie stattfand. Das hatte auch zur Folge, dass sie die Intimität zu mir nicht zu eng werden lassen konnte. Ihre Angst davor beruhte denn auch wesentlich auf ihrer Angst vor Desillusionierung. Zweifellos wird das genauso im Kontakt mit ihrem Mann eine Rolle gespielt haben. Soweit er ihr Anknüpfungspunkte bot, die geheime Fantasie bei ihm realisiert zu wissen, war es ja zugleich sehr wichtig, dass er ausreichend auf Abstand blieb.

Schluss

Manchmal machen wir notgedrungen von unserer Fantasiefähigkeit Gebrauch, um die Diskrepanz zwischen der Welt unseres impliziten Lebensszenarios und der wirklichen Welt in ein annehmbares Größenverhältnis zu bringen. In einigen Fällen wird auf die betreffenden Fantasien so oft und mit so viel innerer Überzeugungskraft zurückgegriffen, dass sie nicht nur für den anderen, sondern auch für ihren Urheber zur geheimen Fantasie werden. Eine solche geheime Fantasie bietet einen wichtigen Halt und wird nicht leicht zur Illusion erklärt, sondern wird als selbstverständliches Beziehungsmuster in die implizite Welt unseres Lebensszenarios aufgenommen. Ob und wieweit schließlich jemand doch erfolgreich den wirklichen Sachverhalt zu sich durchdringen lassen kann, hängt unter anderem von der inneren Bedeutung der geheimen Fantasie ab. In den folgenden Kapiteln werde ich erklären, wie wir uns diese Bedeutung bei denjenigen vorstellen können, welche auf die geheime Fantasie zurückgreifen, eine Ausnahme zu sein.

4

Die geheime Fantasie,
eine Ausnahme zu sein

Er, Jean-Baptiste Grenouille, geboren ohne
Geruch am stinkendsten Ort der Welt, stam-
mend aus Abfall, Kot und Verwesung, aufgewachsen ohne Liebe, lebend ohne warme
menschliche Seele einzig aus Widerborstig-
keit und der Kraft des Ekels, klein, gebuck-
elt, hinkend, hässlich, gemieden, ein Scheu-
sal innen wie außen – er hatte es erreicht,
sich vor der Welt beliebt zu machen. Was
heißt beliebt! Geliebt! Vergöttert!

Patrick Süskind: *Das Parfum*

In diesem Kapitel will ich vor allem verdeutlichen, wie die geheime Fantasie, eine Ausnahme zu sein, in einer Psychoanalyse
zum Ausdruck kommen kann. Daneben will ich auf einen der
charakteristischsten Aspekte dieser Fantasie eingehen, nämlich die
verzweifelte Hartnäckigkeit, mit der sie verteidigt wird. In diesem
Zusammenhang werde ich auch zeigen, welche wichtigen inneren
Funktionen eine solche Fantasie zu erfüllen vermag.

Frau B.

*Im dritten Jahr ihrer Analyse sagte Frau B. wütend, sie wolle nicht,
dass das, was wir gemeinsam machten, eine Psychoanalyse sei. Was
hätte sie von einer Analyse?! Sie fühle sich von mir betrogen, nachdem sie nun einsehen müsse, dass sie nicht die von mir Auserwählte
in einer ganz besonderen Position sei, sondern nur eine unter meinen
Analysanden, nur eine unter anderen. Während ich zu Beginn der
Analyse doch gesagt hatte, sie könne alle ihre Gefühle aussprechen,
erlebte sie das nun ganz anders. Gefühle auszusprechen, bedeutete
für sie, dass diese so zum Ausdruck gebrachten Wünsche selbstverständlich befriedigt würden. Sich nach mir sehnen zu können, ohne
dass ich darauf einging, sei unmöglich und unerträglich. Sie fühle sich
denn auch tief verletzt und erniedrigt und wisse, dass es zwischen uns
nie mehr so sein könne, wie es war.*

Bei ihr und anderen Analysanden ist mir aufgefallen, wie schwer erträglich die Vorstellung ist, sich in einer Analyse zu befinden. Es
soll sich um etwas anderes handeln als das, was wir miteinander
machen. Dieses »Andere« verweist auf eine Übertragungsfantasie,
in welcher der Analysand auf Grund seiner Besonderheit eine Ausnahmestellung einnimmt. Darüber darf nicht gesprochen werden,
weil sich sonst herausstellt, dass es sich um eine Illusion handelt.
Das weist bereits darauf hin, dass man bei einer solchen Übertragungsfantasie ganz bestimmt nicht ohne weiteres von einem Wunsch
sprechen kann. Es ist nicht so sehr der Wunsch nach einer Ausnahmestellung als vielmehr die Überzeugung, dass es diese Position
selbstverständlich bereits gibt.

*Immer wenn Frau B. die Wirklichkeit nicht länger leugnen konnte
und es ihr unmöglich war, diese Fantasie aufrecht zu erhalten, führte
das zu intensiven Gefühlen von Neid und Wut, vor allem aber zu
Verzweiflung. Voraus ging ihr ein starkes Kränkungsgefühl. Das ließ
sich gut beobachten, wenn es sich um Ereignisse in der Analyse handelte, welche die Fantasie zu zerstören drohten. Beleidigt meinte Frau
B., es sei selbstverständlich, dass sie die ihrer Ausnahmestellung
gemäße Behandlung bekomme. So war sie der felsenfesten Überzeugung, ich sei bereit, meinen Zeitplan jederzeit auf ihre Bedürfnisse
abzustimmen. Eigentlich wäre ich immer verfügbar, auch an den*

Wochenenden. Die gab es ebenso wenig wie Ferien, Terminverschie-
bungen oder Rechnungen. Solche Vorfälle musste sie schleunigst
leugnen oder dissoziieren, so dass deren Bedeutung nicht deutlich
werden konnte.

Nun spielt in jeder Analyse der Wunsch nach einer Ausnahmestellung eine Rolle. Und nicht nur das. Auch die Fantasie, dass es
wirklich so ist, wird immer bis zu einem gewissen Grad gehegt.
Doch gibt es deutliche Unterschiede in der Intensität, mit der Analysanden darum kämpfen, nicht über diese Übertragungsfantasie zu
sprechen. Im Zusammenhang damit gibt es auch einen Unterschied,
wie stark eine solche Fantasie als irreal erlebt werden kann. Manche
Analysanden prüfen ziemlich von Anfang an die Fantasie, eine
Ausnahmestellung einzunehmen, an der Wirklichkeit und erkennen
sie als Illusion. Bei anderen ist es nicht so. Bei ihnen besteht die
Überzeugung, außergewöhnlich zu sein, ohne dass sie anscheinend
durch die Wirklichkeit davon abgebracht werden. Diese Analysanden ertragen denn auch die Frustration in der Analyse schlecht und
haben das Gefühl, sie müssten davon verschont bleiben. Das Ersparen von Frustration beschränkt sich nicht nur auf die Analyse. Auch
was das Leben außerhalb der Analyse unangenehm macht, soll
ihnen der Analytiker aus dem Weg räumen. Genauer, das hätte als
Bewies ihrer Ausnahmeposition bereits erfolgt sein sollen. Die
Vorstellung der Analysanden, dass es sich um eine Analyse handelt,
ist wegen der desillusionierenden Auswirkung unerträglich, und die
Tatsache, dass sie in Behandlung gekommen sind, um mehr über
sich zu erfahren, verschwindet schließlich im Hintergrund.

Die Ausnahmen

Das Zusammentreffen von Ausnahmestellung und selbstverständlich empfundenen Ansprüchen weist auf eine Kategorie von Analysanden hin, welche Freud die »Ausnahmen« nannte.

> Sie sagen, sie haben genug gelitten und entbehrt, sie haben Anspruch
> darauf, von weiteren Forderungen verschont zu werden, sie unterwerfen
> sich keiner unliebsamen Notwendigkeit mehr, denn sie seien Ausnah-
> men und gedenken es auch zu bleiben. (Freud, 1916d, GW X, S. 366)

Freud betont noch einmal, dass dieses Gefühl in jedem von uns lebendig ist; wir alle wollen eine Ausnahme sein und deshalb spezielle Vorrechte beanspruchen dürfen. Gerade darum ist es so wichtig, der Frage nachzugehen, was diejenigen motiviert, die das auch wirklich mit so viel Nachdruck fordern. Freud glaubte, die Antwort in einer gemeinsamen Eigenart der von ihm untersuchten Patienten gefunden zu haben. Sie erlebten alle in ihrer Jugend etwas, woran sie unschuldig waren, wodurch sie aber ernsthaft benachteiligt wurden. Bei seinen Patienten war es immer eine Benachteiligung im körperlichen Bereich. Er nannte als Beispiel aus der Literatur den buckeligen Richard III. und paraphrasiert seinen Monolog wie folgt:

> Die Natur hat ein schweres Unrecht an mir begangen, indem sie mir die Wohlgestalt versagt hat, welche die Liebe der Menschen gewinnt. Das Leben ist mir eine Entschädigung dafür schuldig, die ich mir holen werde. Ich habe den Anspruch darauf, eine Ausnahme zu sein, mich über die Bedenken hinwegzusetzen, durch die sich andere hindern lassen. Ich darf selbst Unrecht tun, denn an mir ist Unrecht geschehen... (ebd., S. 369)

Auch in der Analyse wird dieser Anspruch auf Entschädigung gestellt, und entsprechend soll der Analytiker helfen, die alte Schuld einzulösen. Nun haben wir alle das Gefühl, in einem bestimmten Bereich sei uns etwas vorenthalten und unsere Wünsche und Begehren seien nicht ausreichend erfüllt worden. Das Gefühl, es müsse noch geschehen, bleibt immer bis zu einem gewissen Grad bestehen. Dabei erleben wir die Gegenwart nicht nur passiv als Wiederauflage der Vergangenheit. Von unserem impliziten Lebensszenario ausgehend versuchen wir fortwährend, die Gegenwart auch aktiv zu bewältigen und alte Wünsche nachträglich erfüllt zu bekommen, um so die Diskrepanz zwischen dem Sachverhalt im Inneren und in der Außenwelt, so gut es geht, zu verkleinern. Einen solchen Versuch wagen zu wollen, stellt auch oft eines der wesentlichen Motive dar, sich in eine Analyse zu begeben.

Mich fesselte bei Frau B. und anderen Analysanden vor allem die verzweifelte Beharrlichkeit, mit der sie ihre Übertragungsfantasie zu beschützen versuchten, und die Opfer, die sie dafür zu erbringen bereit waren. Diese Beharrlichkeit und Opferbereitschaft sind nur aus der inneren Bedeutung einer solchen Fantasie zu verstehen. Mit Material aus Frau B.'s Analyse will ich versuchen, etwas über diese innere Bedeutung auszusagen. Dabei werde ich zeigen, dass sowohl ihr Verhalten als auch die Übertragungsfantasie auf einen spezifischen Anteil ihres impliziten Lebensszenarios hinweisen. Im vorigen Kapitel habe ich diesen spezifischen Teil die geheime Fantasie genannt, weil es um ein Beziehungsmuster geht, das ganz und gar aus der Fantasie entstanden und schließlich, für die anderen wie für seinen Urheber, geheim geworden ist. Bei Frau B. betraf es die geheime Fantasie, eine Ausnahme zu sein. Diese geheime Fantasie, die als Muster im impliziten Gedächtnis nicht direkt erkennbar ist, kann als selbstverständlich verfügbare Charakterpanzerung angesehen werden, mit der Konflikte aus allen Entwicklungsstufen scheinbar »gelöst« werden. Meines Erachtens bilden genau diese selbstverständliche Verfügbarkeit und der damit erzielte innere Gewinn wichtige Motive, dieses spezifische Beziehungsmuster mit aller Gewalt unangetastet lassen zu wollen.

Die geheime Fantasie

Frau B. kam in Behandlung, weil sie das Gefühl hatte, die Menschen könnten sie nicht mögen. Würde sie sterben, so würde niemand eine Träne vergießen. Sie fühlte sich oft unglücklich und bekam bei ihrer Arbeit immer Schwierigkeiten. Obwohl sie, was die Arbeit betraf, gut funktionierte, kam es nach einer gewissen Zeit zu Konflikten mit dem zentralen Thema, dass sie sich unzureichend geachtet und schlecht behandelt fühlte. In Verlauf der Analyse konnten wir allmählich die folgende geheime Fantasie konstruieren.

Eigentlich bin ich von königlichem Geblüt, eine Königin, die den Ton angibt, von strahlender Schönheit, die Hübscheste und Liebste, unwiderstehlich und daher selbstverständlich jedermanns Auserwählte. Ich bin schön und rein, ohne schmutzige Gefühle wie Hass, Neid und Verachtung. Auch sexuelle Gefühle kenne ich nicht. Jedermann bewundert mich und steht mir zu Diensten. Ich habe keine Bedürfnisse, bin also niemals bedürftig, denn bevor es soweit kommt, ist für alles gesorgt.

Betrachten wir uns einige Punkte aus ihrer Vorgeschichte, so fällt auf, dass die geheime Fantasie, eine Ausnahme zu sein, wahrscheinlich schon in ihrer frühen Entwicklung entstanden war. Frau B. wurde als Ersatzkind für ein Brüderchen geboren; es war ein Jahr vorher, bald nach seiner Geburt, gestorben. Der Mutter wurde, um sie aus der Depression herauszuholen, geraten, gleich wieder schwanger zu werden. Die Depression blieb aber trotz der rasch nachfolgenden Schwangerschaft bestehen und verschlimmerte sich sogar, als das neue Kind ein Mädchen war. Nach etwa zwei Jahren wurde nachträglich der ersehnte Sohn geboren, auf den sich die Mutter ganz und gar gestürzt haben dürfte. Frau B. beschrieb ihre Mutter als eine beherrschende, etwas verbitterte Frau, die sich kaum um ihre Tochter kümmerte. Frau B. suchte denn auch vor allem den Kontakt zum Vater. Er war in ihrer Beschreibung ein freundlicher, schüchterner und etwas distanzierter Mann, der viel in seinem Arbeitszimmer saß. Für ihn empfand sie große Zuneigung und Bewunderung.

Was könnte diese Entwicklungsgeschichte für Frau B.'s Schwierigkeiten bedeuten? In diesem Zusammenhang ist es gut, noch einmal etwas genauer auf den für die Entwicklung so wichtigen Prozess des Attunement und des Austausches vor dem Hintergrund der Befindlichkeit zu schauen, in der sich das Kind und die Bezugsperson befinden.

Das Konzept »Befindlichkeit« verweist auf eine semistabile Organisation, von der bei jemandem zu einen bestimmten Zeitpunkt gesprochen werden kann (Stern et al., 1998). Mutter und Kind regulieren ihre Befindlichkeiten, indem sie auf Mikroniveau über die Sinnesorgane und sichtbare Emotionen Informationen austauschen. Anfangs handelt es sich bei den zu regulierenden Befindlichkeiten um Hunger, Schlaf, zyklische Aktivitäten, Reize und sozialen Kontakt. Schon bald kommen Emotionen und der Grad der Aktivität und Erregung sowie die Exploration der Umwelt, Bindung und Bedeutungsgebung hinzu. Letztendlich geht es um jede Form von »Befindlichkeit« auf seelischem, physiologischem und motivationalem Gebiet. »Regulieren« impliziert auch, dass eine Befindlichkeit verstärkt, abgeschwächt, weiter ausgearbeitet, repariert, gestützt oder auf ein früheres Gleichgewicht zurückversetzt werden kann. Wie gut die Mutter die Befindlichkeit des Kindes erspürt, bestimmt neben anderen Faktoren den Charakter und das Ausmaß, wieweit die kindlichen Erfahrungen eine Kohärenz erhalten (ebd., S. 907).

Während die Verantwortung für diesen Regulationsprozess anfangs hauptsächlich in den Händen der Bezugsperson liegt, spielt das Kind dabei zunehmend eine aktivere Rolle und erwirbt diesbezüglich eine immer größere Selbständigkeit. So wird ein Kind von zwei Jahren nach einem Konflikt mit seiner Mutter zum Beispiel zunächst allerlei Hilfsmittel einsetzen können, um Schmerz und Kummer klein zu halten. Diese Hilfsmittel können verschieden sein: der Daumen, der Bettzipfel, Ablenkung, ein Kuscheltier – oder auf dem Schoß der Mutter sitzen. Später kann das Kind seine Fähigkeiten dazu einsetzen, als eine Form des »Gutmachens« die Mutter in ein Spiel hineinzuziehen. Schließlich hat es dann von Schmerz und Kummer zu Ruhe und Seelenfrieden zurückgefunden, die es ermöglichen, wieder ruhig zu spielen und nett zur Mutter zu sein. Ein solches Beziehungsmuster mit der Mutter kann dann zum Beispiel dazu dienen, die notwendigen Muster für die Wiedergutmachung bei Gleichaltrigen zu entwickeln, wenn es beim Spielen Konflikte gab (Lyons-Ruth, 1999, S. 596).

Dieser Prozess gegenseitiger Regulation verläuft meist nicht selbstverständlich und glatt. Man wird eher von einem dauernden Ringen sprechen können, um in den Grenzen des erwünschten Gleichgewichts zu bleiben oder zu ihnen zurückzukehren (Stern et al., 1998). Genau dieses Ringen ist sehr wichtig, weil die frühe Interaktion mit der Bezugsperson das Kind auf alle späteren Interaktionen mit anderen Menschen vorbereiten muss. Diese Vorbereitung ist viel fruchtbarer, wenn sie kein perfektes Attunement bietet, sondern das Kind gewissermaßen einlädt, eine bessere Fähigkeit zu entwickeln, bestimmte Reaktionen beim anderen auszulösen. Das führt zu einer primitiven Form von Elastizität, die sich als Umgangsweise mit anderen tief in das implizite Gedächtnis des Kindes einprägt und einen Teil des impliziten Szenarios ausmacht (Fonagy/ Target, 1998, S. 6). Diese Diskrepanz im gegenseitigen Attunement hilft dem Kind zugleich im Separations-Individuations-Prozess: Wenn nicht alles genau dasselbe ist, müssen wir verschieden sein. Es handelt sich also um eine Bezugsperson, die nicht perfekt, sondern »hinreichend gut« ist.

Eine depressive Mutter wird kaum über die Fähigkeit verfügen, richtig einzuschätzen, wie sich das Kind fühlt, und sich darauf einzustellen. In Kapitel 2 wurde deutlich, dass ein Kind sein Inneres in dem des Anderen finden können muss. Bei Frau B. kann man sich gut vorstellen, dass das hierzu notwendige »Attunement in Gegenseitigkeit« bei ihrer Mutter unzureichend vorlag. Sie hatte es sozusagen mit einer toten Mutter zu tun, die von ihr nicht so zum Leben erweckt werden konnte, dass sie sich in ihrem Inneren finden konnte. Das bedeutete, dass sie keine selbstverständliche sichere Mutter-Kind-Beziehung als Muster im impliziten Gedächtnis niederlegen konnte, sondern stattdessen verzweifelt auf der Suche nach jemandem war, der ihr ausreichend die Möglichkeiten bieten konnte, ihre Innenwelt zu entwickeln. Sie hat dabei wahrscheinlich partiell nutzen können, was ihr der Vater bot, und einige Jahre lang auch die Zuwendung einer Tante. Doch konnten sie, wie ich vermute, nicht verhindern, dass durch den langen depressive Rückzug der Mutter, der sich in der eingeschränkten Zuwendung nach der Geburt des Bruders fortsetzte, schon am Beginn des Lebens die Grundlage für ein Beziehungsmuster gelegt wurde, in dem sie selbstverständlich eine Ausnahme war. Es handelte sich dabei um eine Ausnahme im Sinne von: »Ich bin ein unvollkommenes Kind und nicht fähig, meine Mutter glücklich zu machen, ich bin schmutzig, wertlos, ungeliebt, niemand ist für mich da, ich bin ein hässliches Mädchen, ein Monster, ich habe keine Rechte, ich darf nicht leben.«

Alle lieben mich

Eine *erste wichtige Funktion* in Frau B.'s geheimer Fantasie war denn auch, der Selbstverständlichkeit zu entkommen, dass niemand sie liebt und dass die schreckliche Katastrophe ihrer Kindheit, die Mutter und ihre Liebe verloren zu haben, auch tatsächlich stattgefunden hatte, und dass sie also nicht leben durfte. In ihrer Fantasie war das Gegenteil der Fall, und sie vermied nicht nur die heftigen Gefühle von Niedergeschlagenheit, Scham, Erniedrigung, ohnmächtiger Wut, Neid und Kummer, sondern vor allem auch, dass sie all diesen Gefühlen in einem Zustand extremer Verlassenheit hilflos ausgesetzt war.

Der lebensbedrohliche Charakter ihrer Wirklichkeit machte es verständlich, dass sie so krampfhaft darum kämpfen musste, ihre Übertragungsfantasie aufrecht zu erhalten und sich nicht desillusionieren zu lassen. Bei Frau B. ging es also im Gegensatz zu Freuds Patienten nicht hauptsächlich um ein körperliches Leiden oder Gebrechen, sondern um das implizite »Wissen«, dass sie früher unzureichend geliebt wurde. Diese außergewöhnliche Benachteiligung hatte das Schicksal ihr zugeteilt. Dieses implizite Wissen ist meines Erachtens der Kern der Problematik bei den »Ausnahmen«. Die Interpretation auf körperlicher Ebene, die angesichts der Entwicklungsphase unvermeidlich hierauf folgt, zum Beispiel »Das kommt daher, dass ich ein hässliches Mädchen bin«, ist für dieses Wissen von sekundärer Bedeutung.

Manchmal ist es für den Analytiker notwendig auszusprechen, dass Analysanden wie Frau B. auch tatsächlich unter Bedingungen aufgewachsen zu sein scheinen, in denen sie Liebe entbehrten. Es ist nicht seine Aufgabe festzustellen, wie die Eltern wirklich waren. Wie in den vorausgegangenen Kapiteln deutlich wurde, ist das nicht möglich. Er kann lediglich feststellen, dass eindeutig etwas im gegenseitigen Attunement von Eltern und Kind gefehlt hat. Dadurch wurde dem Kind beim Aufbau einer eigenen inneren Welt, in Unabhängigkeit von den Eltern, bei allem, was zur Separation und Individuation gehört, ungenügend geholfen. Indem der Analytiker das ausspricht, kann er den Analysanden darin unterstützen, dass er ein Recht auf Gefühle hat und ihnen in der Analyse nicht wieder hilflos und verlassen ausgeliefert ist. Genau das Recht auf Gefühle und die Hilfe, sie zu ertragen und zu verstehen, ist ein schwieriger und heikler Punkt, weil er mit der quälenden Frage verbunden ist, ob der Analysand ein Recht hat zu leben oder ob er sich tot stellen muss. Gefühle zu haben, bedeutet ja nicht nur, dass wieder die alte Situation droht, sich ihnen hilflos ausgeliefert zu fühlen, sondern stellt schon an sich ein Lebenszeichen dar.

Entscheidend ist immer, ob vor allem in den ersten Lebensjahren jemand verfügbar war, dem Kind hinlänglich zu vermitteln, dass es das Recht auf Leben hat und sich nicht tot zu stellen braucht. Bei den »Ausnahmen« war das nicht der Fall. Ihnen wurde unzureichend geholfen, und sie scheinen den enttäuschten, niedergeschlagenen, uninteressierten oder bösen Gesichtsausdruck der Mutter in ihr implizites Szenario als Bestandteil ihres Selbstbildes aufgenommen zu haben: Man kann sie ja auch nicht lieben, und es gäbe sie besser nicht (Rothstein, 1977). Diese Betonung des kindlichen Anteils im impliziten Bild der Mutter-Kind-Beziehung wird im Laufe der Entwicklung noch durch das Bedürfnis verstärkt, denken zu können: »Nein, so kann meine Mutter nicht sein; es liegt an mir. Würde ich das Richtige tun, wäre ich perfekt, würde meine Mutter mich lieben.« (ebd., S. 415)

Ich bin kein Monster

Damit komme ich zur *zweiten wichtigen Funktion* der geheimen Fantasie, eine Ausnahme zu sein. Während es sich im impliziten Szenario anfänglich um ein hässliches und ungeliebtes Kind mit einer zu wenig verantwortungsvollen Mutter handelte, konnte Frau B. es in der Fantasie ändern und die Voraussetzungen schaffen, geliebt zu sein. Die »Ausnahmen« scheinen zu denken: »Nur wenn ich ungemein vollkommen bin, kann ich sicher sein, geliebt zu werden; nur dann bekomme ich die notwendige Liebe, Bewunderung und Fürsorge; nur dann darf ich am Leben bleiben.«

Da die geheime Fantasie als Beziehungsmuster im impliziten Gedächtnis nicht unmittelbar zu erkennen ist, müssen Analytiker und Analysand sie aus dem Verhalten und den Gedanken, den Fantasien und Überzeugungen ableiten, die in der Übertragung zum Vorschein kommen. Als Frau B. auf diese Weise sehen musste, dass ein solches Beziehungsmuster vorlag, bedeutete das auch, einsehen zu müssen, dass es sich um eine Illusion handeln könnte. Das führte bei ihr zu einer unerträglichen Angst und zur Wiederkehr des Selbstbildes vom Monster, das man nicht lieben kann und das sterben sollte.

Hierbei spielte außerdem auch die enorme Wut auf ihre Mutter eine wichtige Rolle. Sie fühlte sich betrogen und gemein behandelt – in der Vergangenheit von der Mutter, in der Gegenwart von mir. Das rief Gefühle hervor, die absolut nicht in ihr Selbstbild passten, wonach sie ganz besonders geliebt werden müsse. Ihre außerordentliche Feindseligkeit bezog sich nicht nur auf die Tatsache, sie werde ungenügend geliebt. In der Analyse stellt sich heraus, dass sie auch dann wütend wurde, wenn ich nicht den Forderungen nachkam, die sie auf Grund ihrer geheimen Fantasie stellte. Die Selbstverständlichkeit, mit der sie die Ansprüche glaubte geltend machen zu dürfen, weist auf den Stellenwert hin, welche die Fantasie innerlich allmählich angenommen hatte.

Ich stelle mir diesen Prozess folgendermaßen vor: Wahrscheinlich gibt es für ein Kind anfangs zwei große Kategorien subjektiver Erfahrungen. Die einen sind lustvoll, befriedigend und angenehm und mit Sicherheit verbunden; die anderen sind unlustvoll, unangenehm und schmerzlich und von Unsicherheit begleitet. Das Kind reagiert natürlich unterschiedlich auf diese lustvollen und unlustvollen Situationen. Die Konfrontation mit einer lustvollen Situation wird zu fröhlichem Glucksen und anderen Zeichen der Freude führen. Wenn das Kind eine schmerzliche und unlustvolle Situation erlebt, wird es auf die eine oder andere Weise eine Reaktion von Angst, Ärger und Kummer zeigen. Die erste wichtige Differenzierung in der Erlebniswelt des Kindes besteht also im Unterschied dieser beiden Gefühlserfahrungen (Sandler/Sandler, 1998, S. 70).

Ich denke, wir können zu Recht annehmen, dass in Frau B.'s Kindheit die unlustvollen Gefühlserlebnisse überwogen haben. Dabei kann man sich gut vorstellen, dass es ihr unmöglich war, in einer Situation, in der ihr niemand ausreichend zu Hilfe kam, dennoch allerlei intensive Gefühle von Verzweiflung, Hass, Neid, Scham, Kummer und ohnmächtiger Wut zuzulassen. Sie wird alles herangezogen haben, um dem nicht hilflos und ohnmächtig ausgeliefert zu sein, sondern vor allem eine sichere Welt zu fantasieren, in der sie sich als ein zufriedenes, ruhiges und perfektes Kind sah, das selbstverständlich von liebenden Anderen umringt war. Diese Welt kann zum Teil an Situationen hinreichenden gegenseitigen Attunements anknüpfen, die sie manchmal doch mit ihrer Mutter oder anderen Personen erlebt hat oder zumindest erleben wollte, Situationen, in denen sie also beim Regulieren ihrer Befindlichkeit ausreichend Hilfe erfuhr. In dem Maße, wie Frau B. zunehmend die Fähigkeit zu fantasieren erwarb, konnte sie dieses Weltbild fortsetzen und sich in die Beziehung eines perfekten, lieben Kindes mit einer stets erreichbaren Mutter fantasieren. Die andere Welt, in der das Monster hauste, das niemand lieb hatte, brauchte dann nicht weiterzubestehen.

Wenn eine solche Beziehung in der Fantasie tagtäglich produziert wird und genügend Wirklichkeitscharakter erhält, führt das auf Dauer dazu, dass sie als Muster Bestandteil des impliziten Lebensszenarios wird. Damit werden die Tagträume aus dem Bereich des expliziten in das implizite Gedächtnis verschoben, und es bildet sich eine Fantasie, die auch vor ihrem Urheber geheim ist. Sie befindet sich im impliziten Szenario und besitzt auch die entsprechende Selbstverständlichkeit. Als Muster ist sie außerhalb des Bewusstseins wirksam und lässt sich nur aufgrund des Verhaltens und der Gedanken, der Überzeugungen und Fantasien erkennen, die von ihr ausgelöst werden. In diesem Veränderungsprozess bleibt die gefühlsmäßige Besetzung der ursprünglichen Fantasie erhalten. Die gefühlsmäßige Besetzung im Beziehungsmuster der geheimen Fantasie ist dann auch immer von ruhiger Selbstzufriedenheit.

Für Frau B. bedeutete das alles, dass ihre Ausnahmefantasie den Ausgangpunkt dafür bildete, wie sie der Welt begegnete, einschließlich der dazugehörigen Selbstverständlichkeit. Sie konnte einen ganz selbstverständlichen Anspruch auf meine Haltung ihr gegenüber erheben, worin ich ihre Ausnahmeposition zu respektieren hatte. Tat ich das nicht, wurde sie ebenso selbstverständlich wütend.

Außer in der Übertragung wurde dieses Muster auch an Problemen sichtbar, die regelmäßig bei ihrer Arbeit auftauchten. Nach einer gewissen Zeit fühlte sie sich ungenügend beachtet, ohne dass ihr klar war, was sie selbst dazu beitrug. Immer wieder wurde sie bitter enttäuscht, weil man ihrer völlig selbstverständlichen Erwartung nicht nachkam, sie wie eine Königin zu behandeln. Genau diese anmaßende Selbstverständlichkeit, mit der sie zum Beispiel meinte, bestimmte Regeln seien für sie nicht gültig, führten zu Zurechtweisungen durch Kollegen, was Frau B. dann wieder leicht als Aufhänger für ihre Empörung benutzen konnte.

An das Vorhandensein einer derartigen Ausnahmefantasie im impliziten Szenario, in der nur für absolute Perfektion Platz ist, sind noch andere innere Konsequenzen geknüpft. So muss jemand ausgiebig Gebrauch von Verleugnung und Dissoziation machen, um die Illusion der Vollkommenheit, mit allen Folgen für die Realitätsprüfung, aufrecht zu erhalten. Zahlreiche Ereignisse können ja nicht in ihrer eigentlichen Bedeutung interpretiert werden; das schränkt das Durchschauen der Wirklichkeit ein. Daneben ist eine dauernde

Investition in die Aufrechterhaltung eines irrealen Selbstbildes erforderlich, weil sonst die Gefahr besteht, sich zu verraten und sich nachträglich als Monster zu offenbaren.

Diese Drohung, sich nachträglich als verwerfliches Monster zu erweisen, das tot sein soll, drängt sich natürlich im Laufe der Entwicklung immer auf, vor allem, wenn große Schritte anstehen, zum Beispiel wenn die inneren Konflikte der ödipalen Phase ins Spiel kommen. Genau in einer solchen Konfliktsituationen stellt sich wieder die große Bedeutung heraus, welche die geheime Fantasie haben kann, jetzt zum Beispiel, um zu verhindern, dass sich ein »ödipales Monster« offenbart. In der ödipalen Entwicklungsphase müssen vor allem die Unterschiede und die damit verbundenen Grenzen endgültig anerkannt werden. Es handelt sich dabei sowohl um den Geschlechtsunterschied als auch um den Generationenunterschied sowie die Fragen um Geburt und Tod. Man ist Mann oder Frau, Vater oder Sohn, Mutter oder Tochter, Partner oder Kind, jung oder alt – und auf dem Weg zum Tod. Einerseits wird die Art und Weise, wie jemand ödipale Wünsche erlebt und verarbeitet, stark von der geheimen Fantasie beeinflusst werden, außergewöhnlich geliebt zu sein. Umgekehrt werden die tatsächlichen Erlebnisse in dieser Phase einen großen Einfluss auf die endgültige Bedeutung der geheimen Fantasie im Persönlichkeitsbild ausüben. Was die geheime Fantasie jedoch vor allem bieten zu können scheint, ist ein Schlussstrich mit der Beendigung der ödipalen Phase als solcher. Es sieht so aus, als ob im Beziehungsmuster der Fantasie die ödipalen Gesetze nicht gelten; sie brauchen also auch nicht anerkannt zu werden.

So wurde bei Frau B. deutlich, dass ihre geheime Fantasie sie vor den Gefühlen der ödipalen Eifersucht und Rivalität schützte. Die Fantasie befreite sie auch vor den begleitenden Kleinheitsgefühlen und stark besetzten sexuellen Wünschen. Stattdessen hatte sie einen Zustand innerer Ruhe erreicht.

Ich brauche niemanden

Das große Bedürfnis nach innerer Ruhe als Gegenpol zu Hilflosigkeit und ohnmächtiger Wut bringt mich zu einer *dritten Funk-*

tion der geheimen Fantasie, eine Ausnahme zu sein. Das spezifische Beziehungsmuster garantiert Kontrolle und absolute Autonomie. Vor allem lassen sich Gefühle von Bedürftigkeit, auf welchem Terrain auch immer, leugnen. An deren Stelle tritt das triumphale Gefühl, niemanden zu brauchen. Im Triumph wird gleichzeitig ein Teil der Wut über die Bedürftigkeit befriedigt, und es wird Rache genommen, die früher der Mutter galt und jetzt dem Analytiker, die beide so versagten.

Bei den »Ausnahmen« geht es also um ein Beziehungsmuster, in dem sie selbstverständlich gefüttert, versorgt, gepflegt und bewundert werden, ohne dass sie es als eigenen Wunsch erkennen müssen. In der geheimen Fantasie haben sie genau diesen Zustand realisiert. Zugleich fällt auf, wie schwer es diesen Analysanden fällt, in der alltäglichen Wirklichkeit von den realen Möglichkeiten Gebrauch zu machen, ihre passiven Wünsche zu befriedigen. Das hängt mit der Angst zusammen, die in einer solchen Situation so leicht entsteht.

Wir sehen das auch in der analytischen Situation. Wenn der selbstverständliche Zustand, wie er in der geheimen Fantasie vorliegt, irgendwie als Illusion erkannt wird und der Analysand seine Bedürfnisse vorsichtig auszusprechen beginnt, nimmt die Angst stark zu; es sieht dann so aus, als gerate der Analysand in einen Zustand erhöhter Wachsamkeit. Alle möglichen Ereignisse, wie zum Beispiel das Klingeln des nächsten Analysanden, das Ende der Stunde, eine unempathische Bemerkung meinerseits, erlebt der Analysand als Zurückweisung. Das führt sehr schnell zur Wiederbelebung der Überzeugung, eine Ausnahme zu sein, und folglich auch zur Zunahme des Gefühls von Kontrolle, Unabhängigkeit und Selbstzufriedenheit im Sinne des nicht Bedürftigseins. Bei Frau B. zeigte sich das zum Beispiel in kühler Arroganz, wobei sie jedes Gefühl von Abhängigkeit und Begehren höhnisch verwarf.

Die Zunahme von Angst scheint nicht nur damit zusammenzuhängen, dass das Beziehungsmuster als Illusion erkannt wird. Wenn die Wünsche vermehrt besprochen werden, findet das fast immer in einer Atmosphäre des Verstandenwerdens statt, das heißt, in einer Situation, in der es zu einer gewissen Befriedigung passiver Wünsche kommt. Aber offenbar passiert dabei etwas, was seinerseits Angst auslöst.

Meines Erachtens bezieht sich diese Angst genau auf den Verlust von Kontrolle und Autonomie, wie es geschieht, wenn man sich vom Bild des Analytikers als einer Person löst, die total kontrolliert werden kann. Daran wird die sehr rigide Beziehung sichtbar, unter der die »Ausnahmen« gebeugt einhergehen. Wenn der Analysand erkennt, dass der Analytiker Objekt der Begierde sein kann, gibt er auch zu, dass er ein anderer und fähig ist, die Wünsche entweder zu befriedigen oder zu verweigern. Es kann dann leicht zu einem mühsam zu durchbrechenden Circulus vitiosus kommen, weil die Angst vor Kontrollverlust den Wunsch verstärken kann, mit dem Analytiker zu verschmelzen. ein Wunsch, der seinerseits wieder die Angst vor Kontrollverlust verstärkt. Der Verschmelzungswunsch ist nicht nur der Versuch, eine Lösung für den drohenden inneren Verlust des Analytikers zu finden, sondern drückt auch das Verlangen des Analysanden aus, jeglichen Unterschied aufzuheben. Damit scheint die illusionäre Zwei-Einheit mit der Mutter greifbar zu werden, und so kann in der Analyse das frühere Unrecht nachträglich ungeschehen gemacht werden.

Die Bedrohung, den Anderen zu verlieren, nimmt noch durch die Wut zu, die dann auftritt, wenn der Analytiker als derjenige erlebt wird, der die Wünsche des Analysanden frustriert und das auch noch absichtlich tut. Der Analytiker stellt damit für das Beziehungsmuster der geheimen Fantasie, in welcher der Andere völlig unter der Kontrolle des Analysanden steht, eine ernsthafte Bedrohung dar. Begreiflicherweise äußerst sich die Wut dann auch als Todeswunsch. Damit ist die Kontrolle wiederhergestellt: Besser tot im Sarg denn lebendig als eine Bedrohung für die Fantasie. Eine etwas mildere Form dieses Wunsches, den Analytiker als Zeichen der Kontrolle tot sein zu lassen, steckt in der Forderung, er solle sich in der Sitzung totenstill verhalten.

Einen anderen nicht weniger wichtigen Beweggrund, die Kontrolle absolut behalten zu wollen, bildet die enorme Scham über die passiven Wünsche. Gerade wegen der Heftigkeit und ihres Inhalts werden sie oft als kindlich und erniedrigend erlebt. In den Analysen der »Ausnahmen« sehen wir immer, wie schwer Schamgefühle ertragen werden und wie stark das dazu beiträgt, das Muster der geheimen Fantasie aufrecht erhalten zu wollen, in der sie über alle Wünsche erhaben sind.

Dass man die Schamgefühle kaum ertragen kann, hängt unmittelbar mit Problemen zusammen, die durch die geheime Fantasie bei der Bildung des Ideal-Selbst auftreten. Wenn wir es innerlich abwägen und dabei merken, dass wir nicht dem Bild entsprechen, das wir gern von uns hätten, entsteht Scham. In der geheimen Fantasie gibt es jedoch kein Ideal-Selbst, dem es nachzustreben gilt. In diesem Teil der Persönlichkeit geht es nicht um einen Zustand, der einmal erreicht werden könnte, sondern alles ist schon so, wie es sein sollte. Schamgefühle sind daher eigentlich undenkbar und bilden sozusagen selbst wieder die Quelle von Scham, so dass Scham über die Scham entsteht.

Wie sich in Frau B.'s geheimer Fantasie herausstellte, handelt es sich bei diesem Ideal-Selbst um eine erwachsene Person. Um als Kind einen solchen idealen Zustand des Selbst zu erreichen, muss es sich also in *einer* oder mehreren Phasen der Entwicklung um einen »großen Sprung nach vorn« gehandelt haben, mit dem es sich in der geheimen Fantasie zu dem Erwachsenen gemacht hat, der es in Zukunft sein würde.

Ich stelle mir das folgendermaßen vor: Hilflose Abhängigkeit gehört weitgehend zum Kindsein (siehe auch Kapitel 2). Ein Kind ist noch deutlicher als ein Erwachsener hilflos und ohnmächtig dem Geschehen in der Außenwelt und ganz erheblich den Vorgängen, die sich in seinem Inneren bemerkbar machen, ausgesetzt. Je nach seinen Möglichkeiten, aber vor allem auch abhängig davon, wie es Hilfe von den Eltern erfährt, wird es im Lauf der Entwicklung die Ohnmacht besser ertragen und allmählich in der Innen- wie in der Außenwelt zu einem wachsenden Wirklichkeitsbewusstsein gelangen können. Wenn, wie es bei den »Ausnahmen« der Fall ist, die Eltern oder andere Erwachsene, bei denen das Kind aufwächst, die Hilfe nur unzureichend bieten können, führt das unter anderem zu der bereits erwähnten Diskrepanz zwischen der Welt des impliziten Szenarios und dem tatsächlichen Sachverhalt. Das Kind wird dadurch schwer zu ertragenden Gefühlen ausgeliefert, die aus dieser Diskrepanz stammen.

Es ist nicht nur die enorme ohnmächtige Wut, was diese Gefühle so schwer erträglich macht. Wie sich in Kapitel 2 zeigte, gilt für das Kind, dass die Integrität des Selbst durch die Reaktion des Anderen als Geisel genommen wird (Modell, 1988, S. 591). Dieser Andere ist nötig, um dem Kind bei der Entwicklung seiner inneren Welt zu helfen, in der es um seine Gefühle weiß und sich mit Selbstverständlichkeit als eine wertvolle Person betrachten kann. Wird einem Kind unzureichend geholfen, führt das zu einem äußerst verletzlichen Selbstgefühl; das erschwert die Entwicklung zur Autonomie ernstlich. In einer solchen Situation sehen wir, wie ein Kind, das sich in seiner Entwicklung vor zu große Aufgaben gestellt sieht, eindrucksvolle Versuche unternimmt, sich dieser Fesseln zu entledigen und dafür in seinem Inneren und auch in den Beziehungen zu den anderen zu erklecklichen Opfern bereit ist, die weiter gehen als die trostspendenden Größenfantasien in der normalen Entwicklung.

Eines der wichtigsten und beeindruckendsten Opfer des Kindes ist es, seine potenzielle Erlebniswelt, mehr oder weniger zu Gunsten einer Welt unzugänglich zu machen, in der es nur »große Leute« gibt. Sie repräsentieren ein »Erwachsensein«, wie das Kind es sich vorstellt: Kontrolle und Autonomie sind nämlich garantiert, und sie kennen keine Abhängigkeit, Hilflosigkeit und Lächerlichkeit.

Wie sich auch in der geheimen Fantasie von Frau B. herausstellte, stattet das Kind diese Groß-Leute-Fantasie konkret mit dafür geeignetem Material aus. In ihrem Fall waren es Aspekte der Erwachsenen ihrer Umgebung, von Königinnen in den Märchen, die der Vater ihr manchmal vorlas, und der echten niederländischen Königsfamilie. Sie nahm in ihrer geheimen Fantasie auch die Haltung an, mit der man diesen Personen aufgrund ihrer Stellung gegenübertritt. Es war diese seit der Kindheit idealisierte Große-Leute-Welt, die sie vermöge ihrer Fantasie seit eh und je bewohnte. Die Welt, in der sie einmal vor langer Zeit Kind gewesen war, blieb im Verborgenen als zutiefst empfundene Überzeugung bestehen, gegen die sie sich verteidigen musste. Nie konnte sie sich etwas Kindliches erlauben, ohne dem Gefühl unerträglicher Ohnmacht und Lächerlichkeit anheim zu fallen.

Frau B. hatte sich als Kind in diesem »großen Sprung nach vorn« mit den fantasierten Erwachsenen in einem Ausmaß identifiziert, das in der Folgezeit keine Veränderung ihres Selbstbildes erlaubte. Mit diesem, wenn man es so nennen will, Tausch eines sich verändernden Selbstbildes gegen den statischen Zustand der geheimen Fantasie kam es auch zu einer Störung des Zeiterlebens. Ohne diese Veränderung gibt es keine Zukunft, und auch die Vergangenheit verschwindet. In Kapitel 6 komme ich ausführlicher auf diesen wichtigen Aspekt der geheimen Fantasie zurück.

Bei Frau B. war diese Störung des Zeiterlebens am deutlichsten in ihrem Beharren auf einem Status zu sehen, in dem sie Anfang zwanzig war und immer, noch viele Jahre lang, blieb. Auch deshalb ertrug sie ihr Spiegelbild schlecht, und sie musste dauernd auf die Fähigkeit zurückgreifen, ihre Wahrnehmungen zu leugnen. Auch diese Störung des Zeiterlebens und der daraus resultierenden Konsequenzen machen noch einmal deutlich, wie stark die geheime Fantasie den Wirklichkeitssinn untergräbt.

Ich bin unschuldig

Eine *vierte Funktion* der geheimen Fantasie, eine Ausnahme zu sein, besteht darin, das Schuldgefühl durch einen Zustand der Unschuld unbewusst zu halten: Ich bin unschuldig. Der Schutz, den die geheime Fantasie Frau B. gewähren sollte, hatte zunächst zum Ziel, den verinnerlichten Blick einer interesselosen und unzufriedenen Mutter weniger unerträglich machen; die Mutter brachte sozusagen ständig zum Ausdruck, dass Frau B. kein Recht hatte zu leben und sich durch ihre Existenz schuldig machte.

Deshalb war es wiederum so schwer, Gefühle zu haben und darüber zu sprechen. Wenn sie fühlte, gab sie zu, dass sie lebte. Über ihre Gefühle zu sprechen, bedeutete, dass sie davon ausging, ein Recht darauf zu haben und sich nicht von der bitteren Enttäuschung leiten zu lassen, die sie früher für ihre Mutter und jetzt in der Übertragung für mich darstellte. Als dieses Muster der geheimen Fantasie deutlicher wurde, war sie, indem sie selbstverständlich in der Realität der Übertragung diesen verinnerlichten Blick der Mutter aktualisierte, denn auch regelmäßig davon überzeugt, mir sei es am liebsten, sie wäre tot. Genau diese Konstellation machte es so beängstigend und unerträglich, den Gefühlen ausgeliefert zu sein. Oft richtete sie einen starken Appell an mich, ihr zu helfen, indem ich ihr zeigen sollte, dass es sich um die Aktualisierung eines Teils ihres impliziten Szenarios handelte. Dadurch konnte sie sich allmählich klar machen, dass sie sehr wohl ein Recht auf Gefühle und schließlich ein Recht zu leben hatte.

Dieses von Schuld geprägte Gefühl, eigentlich kein Lebensrecht zu haben, hängt wesentlich mit der starken Liebesforderung der »Ausnahmen« und mit der Wut zusammen, die entsteht, wenn diese Liebe als unzureichend erlebt wird (Kris, 1976). Kris sagt über diese drängende Liebesforderung: »Sie lieben, als versuchten sie, Blut aus einem Stein zu quetschen.« (ebd., S. 88)

Eine von Frau B.'s Übertragungsfantasien war, mich am ganzen Körper zu küssen und sich dermaßen an mich zu klammern, dass sie mich erdrückte. Wenn sie das Empfinden hatte, meine Liebe für sie sei unzureichend, konnte ihr Schuldgefühl so stark zunehmen, dass es ihr nicht mehr möglich war, die volle Zeit der Sitzungen zu nutzen, sondern sie musste beträchtlich zu spät kommen. Nach und nach zeigte sich, dass das Schuldgefühl außer wegen ihrer Liebesforderung in diesen Situationen auch mit dem Bedürfnis verbunden war, mich einen langsamen und grausamen Martertod sterben zu lassen. Das befriedigte nicht nur ihre Rachsucht, sondern sie stellte auch mit Gewalt den Vorrang des von ihr fantasierten Anderen über mich als Person der Außenwelt wieder her. Nur bei einem toten Analytiker war die absolute Kontrolle garantiert, und nur dann stand fest, dass meine Liebe ausschließlich ihr galt.

Das alles illustriert noch einmal, was den Reiz der fantasierten Beziehung zum Anderen ausmacht. Wie ich in Kapitel 3 zeigte, kann die Wunscherfüllung in der fantasierten Beziehung viel besser kontrolliert werden, als es in der Wirklichkeit möglich ist.

Aus verschiedenen Gründen ist es ein mühevoller Prozess, Schuldgefühle zu erleben und zu erkennen. Vor allem liegt die Akzeptanz eines Schuldgefühls für die Ausnahmen im Widerstreit mit dem selbstverständlichen und vorherrschenden Gefühl, die anderen seien etwas schuldig. Im übrigen *kann* das Schuldgefühl auch nicht akzeptiert werden. Würden die »Ausnahmen« dazu stehen, so müssten sie zugeben, nicht perfekt zu sein. Damit riskieren sie Ablehnung und schlussendlich den Tod. Frau B. versuchte denn auch, in ihrer geheimen Fantasie auf allerlei Weise ihr Gewissen zu beschwichtigen. Sie war gut, lieb und vollkommen und hatte in der Fantasie alle aggressiven und sexuellen Äußerungen aufgegeben. Darin steckt natürlich zugleich ein Strafaspekt. Ein Teil der Schuld wird durch die ausgeprägte Selbstbestrafung getilgt, die der Verzicht auf so viele Triebäußerungen bedeutet, selbst wenn sie überwiegend in der Fantasie und weniger in der Realität stattfindet.

Ein dritter wichtiger Faktor, der den »Ausnahmen« das Erleben und Akzeptieren des Schuldgefühls so schwer macht, ist der »Lawinen-Effekt«. Genau in dem Moment, als Frau B. Schuldgefühle in Bezug auf mich zu erleben und auszusprechen begann, also zugab, dass ich ihr etwas bedeutete, kam es oft zu heftigen Wutausbrüchen, in denen sie gekränkt mir als Analytiker die Schuld gab. Diese Ausbrüche waren als Verteidigungsversuche gegen das drohende Überflutetwerden mit Schuldgefühlen darüber zu verstehen, wie sie mich in der Realität und Fantasie behandelte und behandelt hatte. Diese unvermeidliche und starke Zunahme des Schuldgefühls, die einen Beitrag zur Angst vor Veränderung liefert, lud besonders dazu ein, das Muster der geheimen Fantasie nicht bewusst werden, sondern es selbstverständlich verschwinden zu lassen und mir damit wiederum Schuld zuzuschieben.

Ich bin unsterblich

In der Behandlung der »Ausnahmen« kann sich noch ein anderes Motiv ergeben, das Muster der geheimen Fantasie aufrecht zu erhalten oder erneut zu verstärken. Dieses Motiv hängt mit der bereits erwähnten Störung des Zeiterlebens zusammen, die durch den großen Sprung nach vorn und dem damit zusammenhängenden Zeitstillstand verbunden ist. So blieb Frau B. in ihrer geheimen Fantasie immer dieselbe Frau von Anfang zwanzig und entzog sich damit dem Fortschreiten der Zeit. »Zeit« erleben wir ja als Veränderung an uns, eine Veränderung, der wir ohnmächtig gegenüberstehen. In ihrer geheimen Fantasie war Frau B.'s Selbstbild perfekt und das Alter eingefroren. Die Zeit stand still, da sich Frau B. nicht mehr veränderte. Wie ich sagte, stellte der große Sprung nach vorn für Frau B. den verzweifelten Versuch dar, der so schwer erträglichen Wirklichkeit des Kindseins zu entkommen, indem sie die Gegenwart im voraus Vergangenheit sein ließ. Mit dem Zeitstillstand konnte sie die Vergangenheit gewissermaßen vernichten und brauchte nicht zu erkennen, dass, was geschah, *wirklich* geschehen war, und was sie entbehrte, *wirklich* entbehrt hatte.

Es geht jedoch nicht nur um die Vergangenheit. Wenn die »Ausnahmen« in der sicheren analytischen Situation die Realität der Vergangenheit einigermaßen zu sich durchdringen lassen können, kommt der Trauerprozess in Gang, und es zeigt sich dann, dass es »Zukunft« bedeutet, wenn die Zeit wieder in Bewegung kommt. Die »Ausnahmen« sehen sich in diesem Moment mit der normalen Entwicklungsaufgabe konfrontiert, das Älterwerden und die damit verbundene Angst zu erkennen. In dieser Angst vor dem Älterwerden steckt auch immer die Angst vor dem Tod. Veränderung bedeutet ja auch automatisch immer Endlichkeit, nicht nur der Analyse. Wer geboren ist, stirbt, aber wer nie geboren wurde, hat das ewige Leben. Mit anderen Worten, wenn man innerlich wieder zum Leben kommt, rückt man dem Tod näher.

Der Zeitstillstand, wie im Muster der geheimen Fantasie, scheint in diesem schwierigen Augenblick der Behandlung eine Lösung für die große Aufgabe bieten zu können, was es bedeutet, der definitiven Ohnmacht gegenüber dem Tod und damit gegenüber dem Leben zu begegnen. Es ist eine paradoxe Situation. Eben weil das Vorhandensein der geheimen Fantasie einigermaßen anerkannt wird, kann ein Prozess in Gang kommen, in dem es verlockender wird, die geheime Fantasie wieder wie selbstverständlich verschwinden zu lassen.

Schluss

Angesichts dieser Ausführungen braucht es nicht zu verwundern, dass die Analysen der »Ausnahmen« im allgemeinen lange dauern und beileibe nicht immer zum gewünschten Resultat führen. Aus allem, was ich vortrug, zeigt sich, an wie vielen Fronten die geheime Fantasie Lösungen für innere Konflikte zu bieten scheint. Es kann denn auch Jahre dauern, bis Analysanden sich an die große Desillusionierung heranwagen und sich bewusst machen, dass sie es mit einer Analyse zu tun haben. Der Analytiker muss immer besonders aufmerksam auf alles achten, was dazu dienen kann, den illusorischen Charakter der Fantasie zu verschleiern. Genau wegen der großen Selbstverständlichkeit, welche die Fantasie für den Analysanden hat und behalten muss, besteht schnell die Gefahr, an ihr vorbeizuanalysieren.

Auch der Analytiker kann geneigt sein, die Analysanden in ihrer geheimen Fantasie zu stützen. In Kapitel 7 und 8 werde ich ausführlicher auf einige Aspekte der Behandlungstechnik eingehen, will hier aber doch schon auf zwei Punkte hinweisen, die diese Neigung verstärken können.

Vor allem können die Versuche der »Ausnahmen« zu erreichen, dass die kindliche Erlebniswelt verborgen bleibt, dem eigenen Bedürfnis des Analytikers entgegenkommen, vom Umfang und genauen Inhalt der Erfahrung ohnmächtiger Abhängigkeit, Hilflosigkeit und Lächerlichkeit in der Kinderwelt nichts wissen zu wollen. Das kann leicht dazu führen, dass sie die Analysanden tüchtiger und größer sehen wollen, als diese sich tief in ihrem Inneren fühlen, und es bedeutet eigentlich einen Beitrag zur Aufrechterhaltung der geheimen Fantasie und eine Bestätigung ihrer Notwendigkeit.

Ein weiterer Faktor, der zur Aufrechterhaltung der geheimen Fantasie beitragen kann, ist die von Analysanden so selbstverständliche und zwingend geforderte Liebe bei gleichzeitigem Unvermögen, sie anzunehmen. Vor allem ist der Widerstreit im Gemütszustand des Analysanden für den Analytiker oft schwer zu ertragen. Gerade die große Ohnmacht durch die Verbindung von unerwartetem Hass, intensiver Wut und Verachtung einerseits und der Liebesforderung andererseits, kann den Analytiker dazu verführen, beim Umgehen der Wirklichkeit mitzumachen und eine Illusion friedlicher Gemeinsamkeit zu erzeugen, in der die geheime Fantasie unberührt und die kindliche Erlebniswelt verborgen bleiben.

Die geheime Fantasie, eine Ausnahme zu sein, jemand, der außergewöhnlich beliebt ist, schützt den Analysanden nicht nur vor der Angst, dass die Katastrophen der Kindheit – wie der Verlust des Anderen oder seiner Liebe – eintreten werden, oder vor der verzweifelten Feststellung, dass diese Katastrophen bereits stattgefunden haben. Das Muster bewahrt auch davor, sich zu sehr von einem anderen, der unzureichend zu Hilfe kommt, gebunden zu wissen sowie nicht integrierbaren intensiven Gefühlen und dem dadurch drohenden Verlust des Selbstgefühls hilflos ausgeliefert zu sein. Außerdem bietet die Fantasie ein Heilmittel gegen die Vorstellung vom Tod. Darüber hinaus stellt sie einen Versuch dar, die unerträglichen Schuldgefühle zu mildern, und der ursprüngliche Wunsch wird in der Fantasie nachträglich befriedigt. In der Realität wird diese Befriedigung jedoch gerade blockiert, und das Gefühl des Mangels nimmt eher zu. So sehen wir, wie eine Fantasie, die ursprünglich geschaffen wurde, um den Mangel an Liebe erträglich zu machen, schließlich ihrerseits diesen Mangel vergrößert.

5

Über die geheime Fantasie des Bastian Balthasar Bux

> Mehr als Kohlen, mehr noch als die Atom-
> energie, sind Kinder unser größter Reich-
> tum.
>
> Ian MacEwan: *Ein Kind zur Zeit*

In den vorangegangenen Kapiteln habe ich gezeigt, wie manche Fantasien insgeheim als Beziehungsmuster in unser implizites Szenario aufgenommen werden können. Kinder sind erst dann im Stande zu fantasieren, das heißt zu von der Wirklichkeit unabhängigen symbolischen Schöpfungen, wenn sie im zweiten Lebensjahr, beginnend mit Imitation und Sprache, die Fähigkeit zu symbolischem Denken entwickeln (Shane/Shane, 1990). Dieser Entwicklungsschritt ist von großer Bedeutung.

> Das Entdecken der Symbolbedeutung des Wortes, das eigentliche Benennen ist genau so bedeutend wie das Gehen-Lernen. (Frijling-Schreuder, 1971, S. 49)

Von dem Augenblick an, in dem Kinder zu symbolischem Denken fähig sind, konstruieren sie Fantasien, mit deren Hilfe sie emotional besetzten Fragen einen Zusammenhang und eine Bedeutung geben und sie auf diese Weise integrieren (Dowling, 1990; siehe auch Kapitel 2). Die psychologischen Fragen, welche die Fantasiebildung anregen, können in zwei einander eng verwandte Gruppen eingeteilt werden. In der ersten handelt es sich um Dinge, die mit Aggression und Sexualität zu tun haben, sowie die damit zusammenhängende Neugier auf Zeugung, Geburt, Rivalität, Vergeltung und Tod. Die zweite Gruppe steht im Zusammenhang mit Gefühlen von Sicherheit und Unsicherheit. Sie kommt durch Probleme zu Stande, die auf Erlebnisse von Hilflosigkeit bei Verlassenwerden, Verlust, Trennung, Beeinträchtigung der körperlichen Integrität und Schuld zurückgehen (ebd., S. 95).

In Kapitel 4 wurde abgehandelt, dass eine der Fantasien, mit denen Kinder versuchen können, sich zu behaupten, die ist, eine »Ausnahme« zu sein. (Freud, 1916; Kris, 1976; Smith, 1977; Rothstein, 1984; Ladan, 1992, 1995). Manchmal ist die Notwendigkeit, auf diese Fantasien zurückzugreifen, derart groß, dass sie letztlich geheim wird und als spezifisches Beziehungsmuster einen Teil des impliziten Szenarios bildet.

Im Folgenden will ich mit Hilfe der Romanfigur Bastian Balthasar Bux versuchen zu erklären, warum manchen Kindern anscheinend die tröstenden Größenfantasien der normalen Entwicklung nicht ausreichen, so dass sie sich in die geheime Fantasie flüchten, eine Ausnahme zu sein. Ich werde auch versuchen zu zeigen, wie wir uns den inneren »großen Sprung nach vorn«, den das Kind macht, und die Folgen davon vorstellen können. Schließlich werde ich noch kurz auf die Frage eingehen, ob die Fantasie von Bastian Balthasar Bux überhaupt die Bezeichnung »geheim« verdient.

Bastian Balthasar Bux

Bastian Balthasar Bux ist der Protagonist in Michael Endes Buch *Die unendliche Geschichte*. Als die Erzählung beginnt, ist er »ein kleiner, dicker Junge von vielleicht zehn oder elf Jahren« (Ende, S.

5), der kopflos in die Buchhandlung von Herrn Koriander hinein-
stürmt.

»Heraus mit der Sprache«, sagte Herr Koriander, »Vor wem bist du
weggelaufen?«

»Vor den andern.«

»Vor welchen andern?«

»Den Kindern aus meiner Klasse.«

»Warum?«

»Sie... sie lassen mich nie in Ruhe.«

»Was tun sie denn?«

»Sie lauern mir vor der Schule auf.«

»Und weiter?«

»Dann schreien sie lauter so Sachen und schubsen mich herum und
lachen über mich.«

...

»Was schreien sie denn so, wenn sie dich verspotten?«, wollte Herr
Koriander wissen.

»Ach – alles mögliche.«

»Zum Beispiel?«

»Wambo! Wambo! Sitzt auf dem Potschambo! Potschambo bricht, der
Wambo spricht: Das war mein Schwergewicht.«

»Nicht sehr witzig«, meine Herr Koriander, »und was noch?«

»Spinner, Mondkalb, Aufschneider, Schwindler...«

»Spinner? Warum?«

»Ich red' manchmal mit mir selber.«

»Was redest du da zum Beispiel?«

»Ich denk' mir Geschichten aus, ich erfinde Namen und Wörter, die's
noch nicht gibt, und so.«

»Und das erzählst du dir selbst? Warum?«

»Na ja, sonst ist doch niemand da, den so was interessiert.«

Herr Koriander schwieg eine Weile nachdenklich.

»Was meinen denn deine Eltern dazu?«

Bastian antwortete nicht gleich. Erst nach einer Weile murmelte er:

»Vater sagt nichts. Er sagt nie was. Es ist ihm alles ganz gleich.«

»Und deine Mutter?«

»Die – ist nicht mehr da.«

»Sind deine Eltern geschieden?«

»Nein«, sagte Bastian, »sie ist tot.«
(Ende, 1997, S. 8 f.)

Während er dasteht und mit Herrn Koriander spricht, bemerkt Bastian, dass er sich unwiderstehlich von einem Buch angezogen fühlt, in dem Herr Koriander gerade liest. Als dieser eben einmal telefonieren muss, stiehlt Bastian das Buch mit dem kupferroten Einband; darauf ist ein Oval mit zwei Schlangen zu sehen, die einander in den Schwanz beißen. In diesem Oval steht geschrieben »Die unendliche Geschichte«. Bastian zieht sich dann auf den Speicher seiner Schule zurück, schließt die Tür ab und beginnt zu lesen.

Phantásien, das Land, über das die Kindliche Kaiserin herrscht, ist in Gefahr. Sie ist krank, und niemand weiß, warum. Sie siecht dahin, und je schlechter es ihr geht, desto mehr Teile von Phantásien versinken ins Nichts. Der Einzige, der sie, wie sich nach einiger Zeit herausstellt, retten kann, ist ein Menschenkind, das ihr einen neuen Namen gibt. Schritt für Schritt wird Bastian klar, dass er selbst die Hauptrolle in dem Buch spielt, das er gerade liest, und dass *er* eben dieses bewusste Menschenkind ist, das die Kindliche Kaiserin retten kann, indem er ihr einen neuen Namen gibt. Als er es schließlich tut, geht er in das Buch hinein, wird ihr Held und Retter und erhält ein goldenes Amulett, mit dessen Hilfe er sich alle Wünsche erfüllen kann.

Bastian ist ein Kind, das sich in einer unerträglichen Situation befindet. Er ist klein und dick, kommt in der Schule nicht richtig mit und ist sitzen geblieben. Er ist schlecht im Sport, nicht beliebt und wird gemobbt. Seine Mutter ist tot, und sein Vater hat sich in depressive Gleichgültigkeit zurückgezogen. Beide Eltern sind also emotional nicht verfügbar, und Bastian kann sie auch immer weniger als Eltern erleben, die selbstverständlich an ihn denken und ihm damit beim Regulieren seiner inneren Befindlichkeit helfen, vor allem seiner intensiven Gefühle. So haben Kinder zum Beispiel während der ganzen Kindheit das Bedürfnis, selbstverständlich davon ausgehen zu können, dass die Eltern ihre feindseligen und mörderischen Wünsche ohne allzu große Wut akzeptieren (Willick, 1992, S. 213). Bastian muss daher klar werden, dass die Diskrepanz zwischen dem impliziten Szenario der Beziehung zu seinen Eltern und der wirklichen Beziehung zu ihnen zu weit auseinanderklafft.

Wie sich auch in Kapitel 3 herausstellte, weckt diese zu große Diskrepanz heftige Gefühle von Angst und Verzweiflung. Angesichts der Intensität der Gefühle, die im Spiel sind, nimmt das Bedürfnis, die Diskrepanz aufzuheben, den zwingenden Charakter eines Triebimpulses an, der befriedigt werden muss. Es ist denn auch unerträglich, wenn es nicht gelingt, die Welt unseres impliziten Szenarios und die tatsächliche Beziehungswelt einigermaßen miteinander zu versöhnen (Sandler/Sandler, 1998). Ein Kind verfügt über nur wenig Möglichkeiten, diesem zwingenden Druck nachzugeben. Es kann sich und seine Eltern nur in begrenztem Umfang verändern und sich auch nicht ihrem Einfluss entziehen, indem es von seinen körperlichen Möglichkeiten Gebrauch macht, sich zu bewegen. Ein Kind kann ja normalerweise nicht weglaufen und ist, wie wir bei Bastian sehen, also praktisch zu den Eltern verurteilt, die es nun einmal hat. Ihm bleibt nur das »Denken« als psychisches Korrelat zur Bewegung. »Denken« verschafft einem Kind emotionalen Abstand und Perspektive (Shengold, 1985).

> Benennen gibt Macht, und das Denken in Worten, das Nachdenken, das Verarbeiten im Denken, sind die wohl wichtigsten Formen, mit denen der Mensch mit seiner Umgebung und vor allem mit seinen Trieben umgehen kann. (Frijling-Schreuder, 1971, S. 54)

Ein Kind wie Bastian kann sein Denkvermögen einsetzen, um sich durch einen »Gedankensprung« im Nachhinein der unerträglichen Wirklichkeit zu entziehen. Mit diesem großen Sprung nach vorn in Form einer Fantasie finden gleichzeitig zwei Bewegungen statt. In der ersten erzeugt das Kind ein Bild von sich als einem Erwachsenen, der alles unter Kontrolle hat und nicht abhängig ist, auch und vor allem nicht von der Zeit.

Bei dieser Schöpfung handelt es sich um das Bild von einer idealisierten Große-Leute-Welt. Bastian zum Beispiel wird, als er in das Buch hineingeht, ein junger orientalischer Prinz mit einem vornehmen, männlichen Gesicht und schlanker Gestalt von großer Schönheit; er ist in ein silbern gesticktes Hemd und einen bis zum Boden reichenden silberglänzenden Mantel mit hochgestelltem Kragen gekleidet. Die Beine stecken in hohen, roten Stiefeln, und von seinen wohlgeformten und feinen Händen geht eine ungewöhnliche Kraft aus.

In der Fantasie hat er auf diese Weise mit dem kleinen, dicken, ohnmächtigen Jungen Schluss gemacht, der in der Schule nicht mitkommen kann und gemobbt wird. Statt des im Stich gelassenen Kindes, das von niemandem geschätzt wird, ist er der strahlende Königssohn. Er braucht nicht hilflos und ohnmächtig mit zuzuschauen, wie seine Mutter stirbt und niemand sie retten kann, auch sein Vater nicht, sondern er wird nun von der kranken Kindlichen Kaiserin folgendermaßen begrüßt: »Sei mir willkommen, mein Retter und mein Held.« (Ende, S. 193)

Dabei sehen wir in dieser Schöpfung auch eine noch weitreichendere Identifizierung mit den Eltern, die das Kind so sehr im Stich lassen, aber deren absoluter Macht es sich nicht entziehen kann. Diese Identifizierung ist einerseits notwendig, um mit den Eltern Schluss machen zu können. Das Kind wird sein eigener Vater und/ oder seine Mutter und schiebt die wirklichen Eltern mit einer inneren aggressiven Bewegung bei Seite. Bastian drückt das wütende Wegschieben seines Vaters noch einmal dadurch aus, dass er sich tatsächlich auf dem Speicher der Schule einschließt. Durch dieses Wegschieben erhält das innere Bild auch einen großen Teil der liebevollen Investition an Liebe, die ursprünglich den leiblichen Eltern vorbehalten war. Bastian wird nun selbst zum Vater, der sehr wohl weiß, was er tun muss, nämlich der allmächtige Retter sein. Zugleich erschafft er durch diesen Sprung eine bessere Mutter, eine, die nicht stirbt, sondern sich gerade von ihm retten lässt, ihm dafür dankbar ist und ihn bewundert und ihm ihr goldenes Amulett schenkt, wodurch sie für alle Zeit bei ihm ist und ihm alle Wünsche erfüllt. Darüber hinaus dient diese Identifizierung andererseits auch dazu, nicht sehen zu müssen, wie die Eltern wirklich sind, sondern die Illusion aufrecht erhalten zu können, dass sie sich anders verhalten werden, wenn das Kind nur ausreichend sein Bestes tut (Shengold, 1989).

In der zweiten Bewegung opfert das Kind seine kindliche Erlebniswelt, indem es sie mehr oder weniger unzugänglich macht, und schließlich nicht mehr jemand mit diesen heftigen Gefühlen und Wünschen ist. Gemäß der Tatsache, dass es sich bei dieser inneren Bewegung um einen Gedankensprung handelt, wird dieses Opfer körperlich oft als ein »Platznehmen im Kopf« erlebt. Durch diesen Sprung vom Körper weg versucht das Kind, all seine Wünsche und Bedürfnisse abzustellen, so dass es ihnen nicht mehr hilflos ausgeliefert zu sein braucht. Bei Bastian drückt sich das Platznehmen im Kopf, das Weg vom Körper, unter anderem durch den Umstand aus, dass er sich praktisch ohne Essen und Trinken auf dem Speicher der Schule aufhält, jenem Ort, wo man das Gehirn gebraucht, hoch über den Räumlichkeiten, in denen die unerträgliche tägliche Wirklichkeit stattfindet.

In den vorangegangenen Kapiteln wurde deutlich, dass der häufige Gebrauch eines solchen Weges schließlich zum Geheimwerden der Fantasie führen kann, auch für ihren Urheber. Damit ist die Fantasie als ein spezifisches Beziehungsmuster ins implizite Gedächtnis aufgenommen und dem Bewusstsein nicht mehr zugänglich. Wenn ein so wichtiger Teil der Persönlichkeit nicht zugänglich wird, führt das selbstverständlich zu einer Art von Depersonalisation. Sie äußert sich im Erwachsenenalter oft als Erleben, nicht von dieser Welt, sondern ein »Fremder« zu sein, ein wandelnder Kopf, der nirgends hingehört und von einem kalten und leeren Körper getragen wird.

Auch bei Bastian sehen wir, wie im Lauf der Geschichte seine Kinderwelt stets unzugänglicher und sein Körper immer leerer wird. Jedes Mal, wenn ihm ein Wunsch erfüllt wird, zum Beispiel stark zu sein, ist die Erinnerung an die Befindlichkeit, aus welcher der Wunsch entstand, verschwunden, und es sieht so aus, als sei er nie schwach und ungeschickt gewesen. So verschwindet Stück für Stück seine Erinnerung daran, wer er früher war. Wenn er sich zum Beispiel nach einem glänzend bestandenen Turnier als Retter der Kindlichen Kaiserin zu erkennen gibt, wird er mit tausendfältigen Hurrarufen belohnt. Als sein Freund ihm sagt, dass er nun ganz anders aussieht, als bevor er in das Buch hineinging, reagiert er ungläubig und fragt, wie er denn ausgesehen habe. »Du warst sehr dick und blass und hattest ganz andere Kleider an.« (Ende, S. 255) Bastian lacht und sagt, er sei immer so gewesen wie jetzt. Sonst würde er sich doch erinnern!

Ende erfasst damit den Kern des Problems, das die Fantasie für die weitere Entwicklung des Ideal-Selbst ergeben kann. Durch den Sprung nach vorn handelt es sich in der geheimen Fantasie nicht mehr um ein nachstrebenswertes ideales Selbstbild, sondern darum, dass der gewünschte Zustand tatsächlich erreicht ist. Bastian ist jetzt so groß, stark, mächtig und bewundernswert, wie er sich früher oft fantasiert hatte, und so war er schon immer. Eigentlich bleibt für ihn nichts mehr zu wünschen übrig, und somit gibt es auch kein Ideal-Selbst mehr. Damit wird auch das Zeiterleben nachhaltig beeinflusst. »Zeit« erleben wir bekanntlich an der Veränderung, die sich an uns vollzieht. In der geheimen Fantasie wird die Zeit angehalten, und Vergangenheit und Zukunft bestehen nicht mehr. Bastian war immer wie jetzt und wird es auch immer bleiben. Er weiß auch stets weniger, woher er kommt oder wohin er geht.

In diesem Zusammenhang ist auch das Rätsel der Sphinx in der Ödipussage von Bedeutung. Ödipus kam nach Theben, das durch ein schreckliches Ungeheuer heimgesucht wurde. Es war die geflügelte Sphinx, die Schwester des Höllenhundes. Auf einem Felsen vor dem Stadttor belästigte sie die Menschen mit allerlei Rätseln. Wer nicht die richtige Antwort zu geben wusste, wurde von dem Monster unbarmherzig zerrissen. Ödipus gab sie das folgende Rätsel auf:

> »Es ist am Morgen vierfüßig, am Mittag zweifüßig, am Abend dreifüßig. Von allen Geschöpfen wechselt es allein die Zahl seiner Füße; aber eben, wenn es die meisten Füße bewegt, sind Kraft und Schnelligkeit bei ihm am geringsten.«
> Ödipus lächelte, als er das Rätsel vernahm, das ihm nicht schwierig erschien. »Du meinst den Menschen«, sagte er, »der am Morgen seines Lebens, solange er ein Kind ist, auf zwei Füßen und zwei Händen kriecht. Ist er stark geworden, geht er am Mittage seines Lebens auf zwei Füßen; am Lebensabend, als Greis, bedarf er der Stütze und nimmt den Stab als dritten Fuß zu Hilfe.« (Schwab, 1966, S. 160)

Wenn wir die Fähigkeit des Ödipus, dieses Rätsel zu lösen, vor allem als seine Fähigkeit verstehen, sich als jemanden zu sehen, der sich in der Zeit, auf dem Weg zum Tode bewegt, wird Bastian in seinem Stillstand zu einem »gescheiterter Ödipus«, mit allen Folgen für das psychische Funktionieren.

Fühlt er sich von seinen Freunden nicht genügend geachtet, so wird er böse und gekränkt und weist sie zurück. Er braucht niemanden! Ende schreibt: »In Bastian aber war in diesem Augenblick die Erinnerung erloschen, dass er in seiner Welt ein Kind gewesen war.« (Ende, 1979, S. 217) Ende zeigt dann, wie die Fantasie, unter dem Einfluss der Zauberin Xayíde, immer mehr in Bastians implizites Gedächtnis gelangt und damit zur narzisstischen Charakterpanzerung wird. Dieser Prozess ist unter anderem an den folgenden Bemerkungen der Zauberin abzulesen, die sie Bastian gegenüber äußert:

> »Du denkst zu viel an andere... Denke mehr an deine Vollkommenheit.« (ebd., S. 323)
>
> »Weise ist es, über den Dingen zu stehen, niemand zu hassen und niemand zu lieben. Aber dir, Herr, liegt noch immer an Freundschaft. Dein Herz ist nicht kühl und teilnahmslos wie ein schneeiger Berggipfel – und so kann einer dir Schaden zufügen.« (ebd., S. 326)

Zunehmend stellt sich Bastian ein neues Phantásien vor, eine Welt, die er bis in die kleinsten Einzelheiten nach seinem Wunsch gestalten kann, in der er Alleinherrscher und jedes Wesen ausschließlich das Produkt seines Willens ist. Damit versucht er, den Platz der Kindlichen Kaiserin einzunehmen, und setzt sich, eine kleine Puppe inmitten einer glitzernden kalten Pracht, selbst auf einen immensen Spiegelthron, der so groß ist wie ein Kirchenportal.

Die »Alte Kaiser Stadt«

Bei seinem Versuch, selbst Kaiser zu werden, richtet Bastian immer größere Verwüstungen an und gerät schließlich in die »Alte Kaiser Stadt«. Dort leben alle Menschen, die sich Kaiser von Phantásien gewähnt, aber es nicht geschafft haben, in die normale Welt zurückzukehren. Sie benehmen sich ausgesprochen merkwürdig, sprechen nicht miteinander und scheinen einander nicht einmal zu sehen. Ihr Leben entbehrt jeglichen Zieles und Inhalts, da sie keine Wünsche mehr haben. Sein Begleiter erzählt ihm:

> »Wünschen kannst du nur, solange du dich an deine Welt erinnerst. Die hier haben alle ihre Erinnerungen ausgegeben. Darum werden sie auch nicht älter ... Für sie kann sich nichts mehr ändern, weil sie selbst sich nicht mehr ändern können.« (ebd., S. 366)

Mit den Alten Kaisern stellt Ende das narzisstische Debakel dar, das Bastian zu erwarten hat. Durch diese Begegnung realisiert er, dass er so nicht werden will. Das bedeutet den Beginn eines Veränderungsprozesses, der sich mit dem Geschehen in einer Psychoanalyse vergleichen lässt. Bastians Einsamkeit weckt in ihm den Wunsch, in eine Gruppe aufgenommen zu werden, nicht als Sieger, sondern als jemand, der dazugehört und an der Gemeinschaft Teil hat. Dann wird er sich des Wunsches bewusst, dass man ihn lieben soll, wie er ist, mit all seinen Fehlern. Schließlich landet er im »Änderhaus«, wo ihm unter anderem vorgesungen wird:

> »Großer Herr, sei wieder klein!
> Sei ein Kind und komm herein.«
> (ebd. S. 383)

Auf seiner Gastgeberin die ein bisschen wie ein Apfel aussieht, so rund und so gesund und appetitlich, wachsen herrliche Früchte, die sie Bastian anbietet.

> »Ich weiß nicht«, meinte Bastian verlegen, »man kann doch nicht etwas essen, was aus jemand herauskommt.«
> »Warum nicht?« fragte seine Gastgeberin, »kleine Kinder bekommen doch auch die Milch von ihrer Mutter. Das ist doch wunderschön.«
> »Schon«, wandte Bastian ein und errötete ein wenig, »aber doch nur, solange sie noch ganz klein sind.«
> »Dann«, sagte die Gastgeberin strahlend, »wirst du eben jetzt wieder ganz klein werden, mein schöner Bub.« (ebd., S. 387)

Das Änderhaus bereitet dann Bastian eine Stube, wie er sie als ganz kleines Kind sehen würde. Das alles weist auf Bastians abgewehrte, so beschämenden passiven Wünsche hin, vor allem auf den Wunsch, klein zu sein und mit Liebe und Zärtlichkeit umsorgt zu werden. Ende deutet noch einmal an, dass Bastian sich dem hingeben kann, obwohl er sich lächerlich fühlt, weil er gleichzeitig weiß, dass er damit die Fähigkeiten des großen Jungen, der er ebenfalls ist, nicht verliert, sondern weiter darüber verfügen kann. Wie sich in Behandlungen regelmäßig zeigt, stellt letzteres einen wichtigen Punkt dar. Oft besteht ja die beängstigende Fantasie, dass die Hingabe an die passiven Wünsche nicht nur Ablehnung, sondern auch Verlust der bereits erworbenen Autonomie bedeutet.
Bastian bleibt Tage und Wochen in Änderhaus und hat das Ge-

fühl, dass ihm nun etwas im Überfluss zu Teil wird, wonach er sich unwissentlich schon lange gesehnt hat. Als seine Gastgeberin ihm klar macht, dass er die Quelle finden muss, wo das Wasser des Lebens entspringt, beginnt er plötzlich zu weinen. Er schluchzt und schluchzt nur und kann nicht mehr aufhören. Von diesem Tag an kommt der Trauerprozess richtig in Gang und beginnt, von innen heraus etwas zu verändern.

> Von diesem Tag an begann sich tatsächlich etwas zu verändern, obgleich Bastian selbst noch nichts davon bemerkte. Die verwandelnde Kraft des Änderhauses tat ihre Wirkung. Doch wie alle wahren Veränderungen ging sie leise und langsam vor sich wie das Wachstum einer Pflanze. (ebd., S. 393)

Schließlich entdeckt er dann seinen letzten Wunsch: selbst lieben zu können. Da er sich in diesem Moment an nichts mehr erinnern kann, muss er im »Bergwerk der Bilder« entdecken, wen er lieben will. Eines Tages findet er das Bild von einem Mann in einem weißen Kittel und mit einem Gebiss in der Hand. Er ist in einen glasklaren Eisblock eingefroren, ein deutlicher Hinweis auf seinen depressiven Vater, der Zahntechniker ist. Bastian will ihm helfen und dafür sorgen, dass das Eis schmilzt. Schließlich findet er den Weg zu seinem Vater zurück. Er erzählt ihm seine Geschichte und sieht die Tränen in den Augen des Vaters. In diesem Augenblick begreift er, dass es ihm gelungen ist, seinem Vater das Wasser des Lebens zu bringen und ihn aufzutauen.

Charakterpanzerung

Dieser letzte Teil von *Die unendliche Geschichte* kann als Metapher für den psychoanalytischen Prozess gelten. Bastian verwendet die Fantasie somit in tröstendem und reparativem Sinn, wodurch sie letztlich nicht definitiv ins implizite Gedächtnis zu gelangen braucht, um als ein spezifisches Beziehungsmuster die Gestalt einer bleibenden Charakterpanzerung anzunehmen. Eine solche Entwicklung gelingt bei weitem nicht immer und ist unter anderem davon abhängig, wie ein Kind von seinen Eltern Hilfe erfährt.

Die Analysanden mit der geheimen Fantasie, eine Ausnahme zu

sein, hatten von klein auf das Gefühl, unzureichend geliebt zu werden, oder – mit anderen Worten, – beim Wiedererkennen, Aushalten und Akzeptieren innerer Wahrnehmungen ungenügend Hilfe erhalten zu haben. Da ein Kind für die Integrität seines Selbst von der Antwort im weitesten Sinne abhängig ist, welche der/die Elter(n) oder Elternfiguren geben, führt unzureichende Hilfe zu einem äußerst verletzlichen Selbstgefühl (Modell, 1988; Fonagy et al., 1993; siehe auch Kapitel 4). Die Integrität des Selbst kann dabei auf verschiedene Weisen untergraben werden.

In ihrer äußersten Form hat die unzureichende Hilfestellung zur Folge, dass die Entwicklung einer Theorie, wie es im Inneren des Menschen zugeht, nicht oder nur gering zu Stande kommt (siehe Kapitel 2). So eine »Theorie der Seele« (theory of mind) ermöglicht es dem Kinde, psychologische Phänomene zu deuten und vorauszusagen. Meist liegt dieser wichtige Umschlagspunkt, sich eine solche Theorie zu eigen zu machen, zwischen dem dritten und vierten Lebensjahr.

Angenommen, zwei Kindern, das eine drei, das andere vier Jahre alt, wird eine geschlossene Bonbonschachtel gezeigt. Auf die Frage, was nach ihrer Meinung die Schachtel enthält, werden beide antworten: Bonbons. Dann wird die Schachtel geöffnet, und es stellt sich heraus, dass sich Bleistifte darin befinden. Wenn man die Kinder jetzt gefragt: Was, dachtest du, war in der Schachtel, als sie noch geschlossen war, antwortet das Kind von drei Jahren: Bleistifte, das Kind von vier Jahren: Bonbons. Dasselbe gilt auch für die Frage: Was würde deiner Ansicht nach ein anderer denken, was sich in der Schachtel befindet? Das Dreijährige würde den anderen auch jetzt denken lassen: Bleistifte, während das Vierjährige offenbar realisieren kann, dass der andere, der nur die verschlossene Bonbonschachtel sieht, denkt: Bonbons. Ein solches Experiment zeigt, dass für das Dreijährige ein innerer Zustand, wie zum Beispiel eine Meinung, noch unmittelbar an einen Gegenstand der Außenwelt gebunden ist. Das Vierjährige dagegen hat sich inzwischen ein »seelisches Repräsentationsmodell« (representational model of the mind) zu eigen gemacht, wobei es keine direkte Beziehung zwischen Innenwelt und Gegenstand, sondern nur eine durch die Vorstellung des Gegenstandes vermittelte gibt (Gopnik, 1993, S. 6).

Wenn ein Kind sich dieses »seelische Repräsentationsmodell« ungenügend angeeignet hat, kann es weder bei sich selbst noch beim anderen gut wahrnehmen, was sich von innen heraus ereignet. Ohne diese Fähigkeit erwirbt es keine innere Kontinuität und kann die eigenen inneren Befindlichkeiten nur unvollkommen regulieren. Um dies bewerkstelligen zu können, muss man ja erstens wissen, worum es sich bei einer solchen Befindlichkeit handelt. So entwickelt sich auch unzureichend eine innere Welt, in der das Verhalten des anderen verständlich, voraussagbar, bedeutungsvoll und menschlich gesehen werden kann (Fonagy/Target, 1998, S. 30). Dadurch steht das Kind, – und später der Erwachsene, – völlig verlegen in der Welt.

Zweitens bedeutet eine unzureichende Antwort für das Kind nicht nur, dass seine Gefühle nichts wert sind, sondern dass es damit selbst jemand ist, für den sich die Mühe nicht lohnt, sondern der wertlos ist (Treurniet, 1989). Dieses Gefühl der Wertlosigkeit wird noch durch das zwingende Bedürfnis verstärkt, ein inneres Bild vom Elternteil als von einer Person aufrecht zu erhalten, die nicht unzulänglich ist, sondern vor Gefahren der Innen- und Außenwelt schützt. Ein Kind befindet sich ja in einem Zustand oft unterschätzter physischer und psychischer Hilflosigkeit. Das weiß es genau und registriert, dass es dadurch ein äußerst geeignetes Objekt für Misshandlung und Vernachlässigung darstellt.

Gerade wenn Ereignisse der Außenwelt dieser inneren Wahrnehmung großer Hilflosigkeit entgegenkommen, wird es umso notwendiger, ein Bild von einer Beziehung zu den Eltern/dem Elternteil aufrecht erhalten zu können, in dem sie Sicherheit bieten. Ist dieser Schutz unzureichend und kann das Kind nichts daran ändern, so kann es das Bild der erwünschten Beziehung zu den Eltern nur auf Kosten des Bildes aufrecht erhalten, das es von sich selbst hat. Dies kann dann zum Beispiel folgendermaßen aussehen: »Meine Eltern sind gut, aber mit mir stimmt etwas nicht; ich bin schlecht und wertlos.«

Durch dieses verletzliche Selbstgefühl wird der Prozess der Separation und Individuation ernsthaft erschwert. Ein Kind kann sich erst lösen, das heißt, die Eltern als getrennte, nicht so sehr nach den eigenen Bedürfnissen entstellte Personen erleben, wenn es ausreichend das Gefühl erworben hat, selbst jemand zu sein, für den zu existieren es sich lohnt; jemand, der ein Recht hat zu leben und darauf vertrauen kann, dass die Eltern ihm in Situationen zu Hilfe kommen, in denen es sein Selbstgefühl noch unzureichend aufrecht erhalten kann. Letzteres gilt zum Beispiel für den Respekt und die Empathie, welche die Eltern für die tröstenden Größenfantasien aufbringen sollten, die das Kind braucht, um die dem Kind-Sein inhärente hilflose Abhängigkeit auszuhalten.

»Separation« bedeutet unter diesem Gesichtspunkt vor allem, den wirklichen Charakter der Beziehungen zu anderen in der Außenwelt zulassen und die Diskrepanz bezüglich der Welt des impliziten Szenarios ertragen zu können. Eltern müssen dem Kind helfen, diese Diskrepanz nicht zu groß werden zu lassen, so dass es möglich wird, andere Menschen als getrennte Wesen wahrzunehmen, die das Kind lieben und die es hassen kann. Je stärker am Vorrang des eigenen impliziten Szenarios festgehalten werden muss, desto mangelhafter ist die Separation. Selbstverständlich können wir nie einen Zustand völliger Separation vom anderen erreichen, das heißt, einen Zustand, in dem wir das wirkliche Wesen der Beziehung zum anderen vollkommen zu uns durchdringen lassen können. Weil in der Wahrnehmung die verfälschende Interpretation schon enthalten ist (siehe auch Kapitel 8): können wir uns und den anderen und die Beziehung zu ihm nicht wirklich kennen. Alle unsere Beziehungen, zu uns selbst wie zu anderen, sind denn auch zu einem gewissen Grad Beziehungen in der Fantasie.

Schluss

Verdient Bastians Fantasie die Bezeichnung »geheim«? Ja und nein. Ja, weil Bastian sich in der Fantasie durchaus zu jemandem entwickelt, der sich eine starke Charakterpanzerung zulegt und zunehmend den Kontakt zur Wirklichkeit verliert. Nein, weil es in der Wirklichkeit von *Die unendliche Geschichte* schließlich doch anders zugeht und er nicht in die Alte Kaiser Stadt gerät, sondern weil es ihm gelingt, den Tod der Mutter und dessen Bedeutung für sich zu realisieren. Wesentlich für Bastian ist dabei die Gegenwart seines Vaters als eines Menschen, der sich auftauen lässt und ihm dadurch beim Verarbeiten seines Verlustes helfen kann. Dies bedeutet zum Beispiel eine fundamental andere Situation als diejenige von Frau

A. nach dem Tod ihrer Mutter. Für Bastian bot sich die Möglichkeit, die so wichtige Wahrnehmungsidentität, die für die Verringerung der Diskrepanz zwischen der Welt des impliziten Szenarios und der realen Welt notwendig ist, auch in der Wirklichkeit und nicht ausschließlich in der Fantasie zu bewerkstelligen. Er konnte ja seinen Vater auftauen und es diesem ermöglichen, ihm bei der schmerzlichen Trauer über den Tod der Mutter zu helfen.

Nachdem Bastian alle seine Erlebnisse berichtet hat, geht er mit seinem Vater zum Laden von Herrn Koriander. Er geht allein hinein. Auch Herrn Koriander erzählt er seine Geschichte und läuft dann zu seinem Vater zurück, der ihn strahlend erwartet. Ende schließt *Die unendliche Geschichte* folgendermaßen:

> Herr Koriander schloss die Tür behutsam und blickte den beiden nach.
> »Bastian Balthasar Bux«, brummte er, »wenn ich mich nicht irre, dann wirst du noch manch einem den Weg nach Phantásien zeigen, damit er uns das Wasser des Lebens bringt.«
> Und Herr Koriander irrte sich nicht.
> Aber das ist eine andere Geschichte und soll ein andermal erzählt werden. (Ende, 1979, S. 427 f.)

Die Unendliche Geschichte lässt sich auf vielen Ebenen interpretieren. An Hand des Schicksals des ganz gewöhnlichen Jungen Bastian Balthasar Bux habe ich vor allem versucht zu zeigen, wie wir uns den großen Sprung nach vorn vorstellen können, den manche Kinder in ihrer Verzweiflung machen müssen, da ihnen die angemessene Entwicklungshilfe fehlt.

6

Der Mann, der nicht alt werden konnte:
Über die Illusion der eingefrorenen Zeit

> Sie, die sich unter die Oberfläche begeben,
> tun es in eigener Verantwortung.
>
> Oskar Wilde: *Das Bildnis des Dorian Gray*

In diesem Kapitel will ich mich etwas ausführlicher mit einem der Aspekte befassen, die in der geheimen Fantasie, eine Ausnahme zu sein, zum Zuge kommen. Es handelt sich um die Störung des Zeiterlebens durch den »großen Sprung nach vorn«. Dadurch wird die Zeit angehalten; Alter und Tod sind scheinbar abgeschrieben. Das Anhalten der Zeit bildet einen besonders verlockenden Aspekt im Beziehungsmuster dieser geheimen Fantasie. Viele Menschen wollen zwar alt *werden*, aber nicht alt *sein*. Arlow meint dazu:

> Das Problem ist die Zeit, mit der es nie stimmt, die immer alles durch-kreuzt: In der Kindheit sind wir ohnmächtig und haben keine Autorität; wenn wir alt sind, fehlen uns die Möglichkeiten. (Arlow 1997, S. 599)

Es ist deutlich: Es geht uns nicht nur um das ewige Leben, sondern vor allem auch um die ewige Jugend im Sinne von ewig während er Vitalität. Ich beobachtete das an mir selbst, als ich nur unter Schwierigkeiten dazu kam, mit dem Schreiben dieses Kapitels zu beginnen. Jedes Mal musste ich etwas anderes dringend erledigen. Meist war etwas im Haus defekt und musste repariert werden, oder die Türen hatten gerade jetzt einen Anstrich nötig. Als es immer dringlicher wurde, etwas aufs Papier zu bringen, drang plötzlich zu mir durch, dass ich, indem ich etwas tat, mich auf eine viel angenehmere Weise mit dem Alter auseinandersetzte, als wenn ich darüber nachdachte. Erstens fand der Verfall einfach außerhalb meiner Person statt; nicht ich war ihm ausgeliefert, sondern das Holz der Tür. Zweitens konnte ich diesem Verfall viel leichter zu Leibe rücken, als es mit meinem Körper der Fall wäre, und ich konnte triumphierend sagen: Nix Verfall, nix Alter, schau her, es sieht wieder aus wie neu. Was so ein bisschen Farbe nicht alles zu Stande bringt!

Eine solche zeitliche »Lösung« ist ein Beispiel für unseren inneren Kampf gegen das Alt-Sein. In groben Zügen gibt es zwei Möglichkeiten, diesen Kampf zu führen. Wir können Entstellungen entweder an unserem eigenen Selbstbild vornehmen oder am Bild des anderen. In beiden Fällen versuchen wir, durch Selbstbetrug das »Aus-der-Spur-Laufen« der Zeit etwas weniger traumatisch sein zu lassen.[13]

---

[13] Bezüglich der Entstellungen unseres Selbstbildes geht aus den Untersuchungen Kastenbaums et al. (1980) hervor, dass sich die Neigung dazu mit zunehmendem Alter verstärkt. Kastenbaum führt den Begriff »persönliches Alter« ein. Unser persönliches Alter besteht aus dem äußeren Alter (so alt sehe ich aus): dem inneren Alter (so alt fühle ich mich): dem Interessen-Alter (ich habe die Interessen einer Person diesen und jenen Alters) und dem Handlungs-Alter (ich tue Dinge, die jemand in einem bestimmten Alter tut). Wenn man Menschen verschiedenen Alters daraufhin untersucht, welchem Alter sie sich selbst zurechnen, zeigt sich, dass, je älter sie werden, sie den Unterschied zwischen dem persönlichen und dem wirklichen Alter immer größer machen.

Herr C.

Bei manchen Menschen scheint es jedoch mehr damit auf sich zu haben, als dass sie nicht alt sein *wollen*.

Herr C. war ein gut aussehender, athletischer, gepflegter Mann von 38 Jahren, der jünger wirkte. Er wurde mir von seinem Hausarzt überwiesen, weil er sich seit dem Tod seiner Mutter vor 1½ Jahren zunehmend unwohl fühlte. Darauf angesprochen, ging es nicht um Traurigkeit, sondern um ein dauerndes Leeregefühl. Manchmal wurde er vom Gefühl der Verzweiflung und Sinnlosigkeit überfallen. Fuhr er in einem solchen Moment Auto, bekam er Angst, wenn er zu dicht an die Leitplanke geriet. Er fuhr dann schnell rechts heran und schaltete das Autoradio ein. Er trug sich nicht mit Selbstmordgedanken, doch er hatte sehr wohl das Gefühl, es sei nicht schlimm, wenn ihm etwas zustoßen sollte und er nicht mehr sei. Meist schlief er gut, obwohl er merkte, dass er in letzter Zeit abends etwas mehr Alkohol trank als gewöhnlich. Er lebte allein und hatte eine aufreibende Stelle in einem Beratungsbüro. Im Lauf der Jahre hatte er verschiedene Beziehungen zu Frauen gehabt, aber nie mit einer gemeinsam gelebt. Als er sich anmeldete, hatte er seit drei Jahren, bei getrennter Wohnung, eine Beziehung zu einer beruflich erfolgreichen Juristin, mit der er vor allem schön ausgehen konnte.

Nach dem Erstgespräch legte ich mir die Arbeitshypothese zurecht, dass es sich vor allem um geronnene Trauer über den Tod seiner Mutter handelte. Die Aussage von Herrn C., der Tod seiner Mutter habe ihn ziemlich gleichgültig gelassen, er habe in den fünf Monaten ihres Krankenlagers ausreichend Abschied von ihr nehmen können und seine Beziehung zu ihr sei nie sehr eng gewesen, betrachtete ich in diesem Zusammenhang als Bestätigung meiner Hypothese: Er versuchte, sich nicht berühren zu lassen, weil es zu schmerzlich gewesen wäre. Ließe er es zu, müsste er sich klar machen, dass er bei seiner Mutter viel entbehrt hatte und es jetzt endgültig unmöglich war, dies nachträglich zu bekommen.

Im Laufe der Zeit stellte sich jedoch heraus, dass es sich zwar um einen geronnenen Trauerprozess handelte, der Tod seiner Mutter aber darin eine völlig andere Rolle spielte, als ich anfänglich vermutet

hatte. Einen ersten Hinweis darauf, worum es ging, lieferte die Sorg-
falt, die er auf seine äußere Erscheinung verwandte. Er legte sehr
großen Wert auf die Kleidung, ging regelmäßig zum Friseur, besuchte
zweimal in der Woche ein Fitness-Studio und joggte. Dadurch sah er
gut und perfekt gepflegt aus. Zugleich wurde deutlich, wie krampfhaft
er das betrieb und wie sein untadeliges Äußeres für ihn eigentlich
lebensnotwendig war. Er fand es beschämend, dies zuzugeben, doch
er verbrachte jeden Tag viel Zeit mit der Kleidung, achtete minutiös
auf sein Gewicht und war dauernd damit beschäftigt, ob Falten im
Gesicht oder graue Haare in seinem dunkle Schopf zu sehen waren.
Noch schwieriger fand er, mir zu erzählen, dass er sich die grauen
Haare nachfärben ließ und dass er täglich eine Reihe spezieller Übun-
gen machte, um die Entwicklung eines Bäuchleins zu verhindern.
Doch so sehr er sein Bestes tat, der Verfall war unvermeidlich und
immer schwerer zu leugnen.

Als er nun über diese beschämenden Dinge zu sprechen wagte,
konnte auch allmählich die spezifische Bedeutung der Krankheit und
des Todes seiner Mutter deutlich werden. Als sie krank war, wurde er
in vieler Hinsicht mit ihrem körperlichen Verfall konfrontiert und
musste mit ansehen, wie nichts mehr straff, glatt und vital war. Bei der
Beerdigung ging er mit seinem jüngeren Bruder und dessen Frau hin-
ter dem Sarg her: Jetzt waren sie an der Reihe, jetzt war zu erwarten,
dass er eines Tages in solch einem Sarg liegen würde. Das zu realisie-
ren, machte ihn verzweifelt, nicht nur, weil es die Erkenntnis über den
Tod implizierte, sondern auch, weil er sich nicht vorstellen konnte, alt
zu sein. Eigentlich war er noch immer der Student von Anfang zwan-
zig. Wenn er das nicht durchsetzen konnte, wäre er lieber tot. Darin
lag seine Verzweiflung, und das war es auch, was er dauernd vom Be-
wusstsein fernhalten musste. Das rief das merkwürdige und leere
Gefühl hervor.

Herr C. ist das Beispiel für jemanden, der nicht alt werden kann,
sondern jung bleiben muss. Man könnte auch sagen: Er ist jemand,
der am »Dorian-Gray-Syndrom« leidet.

Dorian Gray

Dorian Gray, der Protagonist in Oscar Wildes Roman *Das Bildnis des Dorian Gray* ist ungefähr zwanzig Jahre, als er porträtiert wird. Beim Modell-Sitzen begegnet er Lord Henry, einem Freund des Malers. Er ist von Dorians jugendlicher Schönheit beeindruckt und spornt ihn an, das Leben zu genießen.

»Mir kam der Gedanke, wie tragisch es wäre, wenn Sie vergebens wären. Denn nur so kurze Zeit dauert Ihre Jugend – so kurze Zeit. Die gemeinen Wiesenblumen welken, aber sie blühen wieder. Der Goldregen wird im nächsten Juni ebenso gelb sein wie jetzt. ... Aber wir bekommen nie wieder unsere Jugend. Der Puls der Freude, der in uns schlägt, wenn wir zwanzig sind, wird träge. Unsere Glieder ermatten, unsere Sinne verkommen. ... Jugend! Es gibt gar nichts in der Welt als Jugend.‹ (Wilde, 1980 [1909], S. 34)

Später, als das Gemälde fertig ist und Dorian davorsteht, wird ihm bewusst, wie sehr ihn Lord Henrys Worte berührt haben.

»Da war Lord Henry Wotton mit seinem seltsamen Hymnus auf die Jugend, seiner furchtbaren Warnung vor ihrer Flüchtigkeit gekommen. Das hatte ihn zur rechten Zeit geweckt, und als er jetzt dastand und das Abbild seiner eigenen Schönheit beschaute, brach die volle Wirklichkeit der Schilderung über ihn herein. Ja, es kam ein Tag, an dem sein Antlitz verrunzelt und welk war, seine Augen trübe und farblos, die Grazie seiner Gestalt gebrochen und entstellt. ... Das Leben, das seine Seele bildete, zerstörte seinen Körper. ... »Wie traurig ist das!« sagte Dorian Gray leise und wandte die Augen nicht von seinem eigenen Bildnis. »Wie traurig ist das! Ich werde alt und grässlich und widerwärtig werden, aber dieses Bild wird immer jung bleiben. Es wird nie älter sein als dieser Junitag heute... Wenn es nur umgekehrt wäre! Wenn ich immer jung bleiben könnte und dafür das Bild immer älter würde!« (ebd., S. 36 f.)

Dieser Wunsch Dorian Grays geht in Erfüllung, und von dem Augenblick an bleibt er, wie zum Zeitpunkt, als das Porträt gemalt wurde. Der Mann auf dem Gemälde dagegen wird immer älter, gezeichneter, eingefallener und verwelkter. Dorian beschließt, dass niemand mehr das Bildnis sehen darf und verbirgt es in einem unbenutzten Raum oben im Haus, seinem früheren Kinderzimmer. Für ihn selbst steht die Zeit still. Er bleibt immer »in all dem Wunder seiner köstlichen Jugend und Schönheit« (ebd., S. 284).

Der große Sprung nach vorn

Wie können wir diese Metapher verstehen und warum wählt Wilde dafür ein Gemälde und nicht beispielsweise eine Plastik? Um mit letzterem zu beginnen: Wilde ist eine Zeitlang gut mit dem Maler Whistler befreundet und besucht ihn oft im Atelier. Von ihm weiß er auch bestimmt von Experimenten, die einige Maler mit neuen Farblösungsmitteln vornahmen, oft mit verheerenden Folgen (Townsend, 1995). In den Niederlanden kennen wir aus der Zeit vor dem Zweiten Weltkrieg die Porträts von Dick Ket, die manchmal zur Unkenntlichkeit verdarben, weil auch er mit Lösungsmitteln experimentierte (Van Wegen, 1991). Vermutlich wusste Wilde darüber Bescheid, dass Gemälde derart verderben können, dass die abgebildete Person sich nicht wiedererkennbar verändert (Hummelen, 1998). Wilde holte sich wahrscheinlich seine Metapher bei den Besuchen in Whistlers Atelier (Anderson/Koval, 1994). Aber wofür steht diese Metapher?

Betrachten wir uns die Hauptperson einmal genauer. Dorian ist am Anfang des Buches um die Zwanzig. Dank eines Erbes von seinem Großvater mütterlicherseits ist er finanziell unabhängig. Von diesem Großvater, an den er schlechte Erinnerungen hat, wurde er erzogen. Dorians Mutter war eine schöne Frau. Gegen den Willen ihres Vaters hatte sie einen armen Offizier geheiratet. Dieser wurde wenige Monate nach der Hochzeit in einem Duell getötet, das der Großvater inszeniert hatte. Die Mutter starb einige Monate nach Dorians Geburt. Der Großvater hasst den Enkel, der seiner Tochter wie aus dem Gesicht geschnitten ist, und will ihn so selten wie möglich sehen. Unter dem Dach des großen Hauses lässt er ihm eigens ein Zimmer ausbauen, in dem er seine Kindheit verbringen muss. Verständlicherweise nehmen in seiner Kindheit Einsamkeitsgefühle eine zentrale Stellung ein.

Nun wird das Bild schon etwas deutlicher. Es taucht ein desolates und verwaistes Kind auf, ein Kind, das sich nicht geliebt fühlt, sondern hässlich und schlecht, und das sich, einsam und gehasst, in einem großen und kalten Haus zu behaupten versucht. Der Vater ist tot, die Mutter ist tot und der Großvater will mit ihm nichts zu tun haben. Keiner von ihnen ist verfügbar, um ihm bei seinen inneren Wahrnehmungen beizustehen, denen er als Kind hilflos ausgeliefert ist und die er dennoch integrieren muss. Das bedeutet eine enorme Diskrepanz zwischen dem inneren Bild der Beziehung zu den Eltern, wie diese für ihn hätten sein sollen, und der Realität von Eltern, die tot sind und zudem totgeschwiegen werden. Um nicht verrückt zu werden, muss Dorian diese Diskrepanz wenigstens teilweise aufheben (Sandler, 1989; Sandler/Sandler, 1998).

Das ist nicht so einfach, denn Kinder können meist wenig an ihrem Schicksal ändern, auch nicht, wenn sie sich in aussichtslosen und erniedrigenden Situationen befinden. Wie bereits gesagt, glaube ich, dass wir manchmal noch geneigt sind, die Hilflosigkeit und Abhängigkeit von Kindern diesbezüglich zu unterschätzen. Kinder sind ja zu den Eltern und Bezugspersonen verurteilt, die sie nun einmal haben, und können nicht weglaufen, um sich eine eigene autonome Existenz aufzubauen. Auch von der Außenwelt haben sie wenig Gutes zu erwarten. So sind wir noch nicht sehr weit damit gekommen, ernst zu nehmen, was Kinder für ihre Lebensumstände am liebsten wollen. Anlässlich einer Befragung von Kindern über die Probleme in der Welt – thematisch also weit weg vom Elternhaus – drückt Beatrijs Ritsema das im *NRC Handelsblad* folgendermaßen aus:

> Kinder werden nicht ernst genommen. Wäre es so, würde man ihnen andere Fragen stellen. Zum Beispiel, ob sie nach der Schule den Kinderhort besuchen oder nach Hause gehen wollen, wo der Vater oder die Mutter ist. Auf diese Frage könnten Kinder eine deutliche und fundierte Antwort geben, doch sie würde den politisch Verantwortlichen nicht gefallen, abgesehen davon, dass die Antwort keine Berücksichtigung fände. (Ritsema, 1998, S. 26)

So einfach, wie Ritsema das darstellt, ist es natürlich nicht. Kinder sind zum Beispiel ihren Eltern gegenüber unglaublich loyal. Also stellt sich die Frage, wieweit sie wirklich eine eigene Antwort geben könnten. Was Ritsema sagt, unterstreicht jedoch, dass Kindern oft nur der innere Fluchtweg übrig bleibt. Kinder suchen nach einer Lösung für eine unhaltbare Lebenssituation und die daraus entstehende unerträgliche Diskrepanz notgedrungen in sich selbst, indem sie auf ihre Fähigkeit zu fantasieren zurückgreifen. Damit wenden sie sich ihrem Kopf zu und versuchen auf diese Weise, sich eine illusorische Welt zu erschaffen, die sich noch einigermaßen ertragen lässt.

Einer dieser Wege, die man dabei gehen kann, ist die geheime Fantasie, eine Ausnahme zu sein. Wie sich in den Kapiteln 4 und 5 zeigte, machen Kinder sich in einer solchen Fantasie durch den »großen Sprung nach vorn« zu dem Erwachsenen, der sie in Zukunft vermeintlich sein werden. Sie opfern dabei ihr Kind-Sein zu Gunsten einer Pseudoerwachsenheit. In dieser Pseudoerwachsenheit nehmen sie das Gehabe eines kompetenten »großen Menschen« an, der [14] niemanden braucht und schmerzliche Gefühle und Wünsche nicht kennt, da er außerordentlich geliebt wird und seine Wünsche wie selbstverständlich erfüllt werden. Dieser »große Mensch« lebt dadurch in einem Zustand, in dem nicht mehr von Hilflosigkeit, Abhängigkeit und Lächerlichkeit die Rede ist. Da es keine Wünsche gibt, scheint alles unter Kontrolle und die absolute Autonomie erreicht zu sein.

Auch Dorian mag diesen Weg eingeschlagen haben. Durch einen »Gedankensprung« kann er sich nachträglich der unerträglichen Wirklichkeit seiner Kindheit entzogen haben. In der illusorischen Welt, die Dorian dann betritt, ist er kein verwaistes und gehasstes Kind mehr, sondern hat erreicht, dass er eine Ausnahmeposition einnimmt und jeder ihn selbstverständlich bewundert und liebt. Wenn eine solche Fantasiebeziehung tagtäglich produziert wird und einen ausreichenden Wirklichkeitscharakter zuerkannt bekommt, kann sie, auch für ihren Urheber, geheim und als Verhaltensmuster im impliziten Gedächtnis gespeichert werden. Dieses Beziehungsmuster kann man als einen selbstverständlichen inneren Sachverhalt auffassen, der zur Erhaltung eines spezifischen seelischen Gleichgewichts wesentlich und dazu bestimmt ist nicht der Verzweiflung anheim zu fallen. Im Zustand der narzisstischen Vollkommenheit, die durch dieses Gleichgewicht aufrecht erhalten werden muss, gelten die folgenden fünf Sicherheiten:

---

[14] Siehe Fußnote 1 in der Einleitung.

Jeder liebt mich, das heißt: Es stimmt nicht, dass mich niemand liebt.

Ich bin kein Monster, das heißt: Ich gehe nicht mit allerlei Gefühlen von Hass, Neid, Scham und Verzweiflung einher; ich bin perfekt, lieb und gut, richtig jemand, den man lieben muss.

Ich brauche niemanden, das heißt: Ich bin von niemandem abhängig, denn für mich wird selbstverständlich gesorgt.

Ich bin unschuldig, das heißt: Ich bin nicht jemand, der mit Mordfantasien herumläuft und eigentlich schon durch sein Vorhandensein ein Verbrechen begeht; ich habe sehr wohl ein Recht zu existieren.

Ich bin unsterblich, das heißt: Ich war nie ein Kind und kann deshalb auch nicht sterben.

Die Illusion von der eingefrorenen Zeit

Im Rahmen dieses Kapitels will ich mich etwas ausführlicher bei der fünften und letzten Sicherheit aufhalten: Ich bin unsterblich, das heißt: Ich war nie ein Kind und kann also auch nicht sterben. Im narzisstischen Universum, welches das Kind beim großen Sprung nach vorn betritt, ist die Zeit eingefroren. Ich will erklären, wie wir uns dieses Einfrieren vorstellen können.

In dem skizzierten Zustand der Pseudoerwachsenheit, die das Kind sich zulegt, spielen Wünsche keine Rolle mehr. Es heißt nicht: Später, wenn ich groß bin, werde ich soundso sein. Vielmehr heißt es: Jetzt bin ich groß, und alles ist, wie es sein soll. Das Kind hat sich neben der ersten, so unerträglichen, eine zweite Wirklichkeit geschaffen. An Stelle des hilflosen und einsamen Kindes, das sich nicht geliebt weiß und voller unerfüllter Wünsche ist, gibt es nun den Erwachsenen, der alles unter Kontrolle hat, keine Wünsche kennt und unabhängig ist. Alles ist perfekt, alles ist, wie es sein soll, und so war es schon immer. Die Vergangenheit, diese grauenhafte, schmerzliche Vergangenheit existiert nicht mehr, es hat sie sogar nie gegeben. Dasselbe gilt auch für die Zukunft. Es gibt keine Zukunft, in der es anders sein wird als in der Gegenwart. Wie es augenblicklich ist, wird es immer bleiben.

Das Einfrieren der Zeit findet in dem Teil der Persönlichkeit statt, wo sich die geheime Fantasie befindet. Da es sich nicht um eine zeitweilige, angenehme Flucht in die Fantasie handelt, sondern um die Errichtung einer zweiten Wirklichkeit in Form eines spezifischen Beziehungsmusters im Bereich des impliziten Gedächtnisses, besteht die Vorstellung von einer stillstehenden – neben der im Fluss befindlichen – Zeit. So kann jemand sehr gut wissen, dass er älter wird und dass er einmal ein Kind war, aber gleichzeitig in seinem Verhalten und seinen Fantasien zeigen, dass er immer zwanzig bleibt.

Nun wird die Metapher, die Oscar Wilde gebraucht, etwas deutlicher. Ein »normales« Gemälde, ein Gemälde, auf dem die Zeit gewissermaßen still steht, ist tot und kann vor aller Augen gezeigt werden. Es stellt unser »Selbst« dar, wie es einmal war. Eventuell fantasieren wir, dass wir eigentlich noch genauso aussehen wie auf dem Gemälde, so anders auch die Realität ist, aber es überwiegt die Vorstellung, dass das Porträt die Vergangenheit darstellt. Das Bildnis des Dorian Gray dagegen ist nicht tot, sondern lebendig geworden. Es verändert sich und vertritt sein wirkliches, lebendiges Selbst. Damit ist es etwas, was verborgen, im Kinderzimmer oben im Haus versteckt bleiben muss. Dorian ist nun selbst das perfekte, leblose Kunstwerk, das jeder sehen darf, da hier »der volle Glanz seiner herrlichen Jugend und Schönheit« erhalten bleibt.

Oscar Wilde hat seine Hauptperson also absichtlich einen narzisstischen Schritt zusätzlich machen lassen. Plötzlich sieht sich Dorian gleichsam in einem Spiegel, wie er in diesem Augenblick ist, zuerst auf dem Gemälde, dann auch in den Augen der anderen. Plötzlich fällt ihm in den Schoß, was notwendig ist, um alles Elend endgültig hinter sich lassen zu können und von jedem bewundert und geliebt zu werden. Es scheint, als habe sich die geheime Fantasie, eine Ausnahme zu sein, erfüllt: Er ist wirklich so jugendlich und strahlend, wie er zu sein wähnt, und die Welt liegt ihm zu Füßen. Plötzlich eröffnet sich in der Realität eine Wahrnehmungsidentität von enormer Überzeugungskraft. Kein Wunder, dass er an Stelle des Gemäldes leidenschaftlich derjenige zu sein wünscht, der sich nicht verändert. Der Gedanke, er sei es selbst, der faltig wird und verfällt, ist ihm unerträglich, da das den Verlust des selbstverständlichen Musters der Ausnahmeposition bedeutet, in der er bewundert und geliebt wird, und alles Leid vorbei ist. Das Monster, das, gehasst und verstoßen, mit mordgierigen Fantasien herumläuft, ist ins Kinderzimmer verbannt und für niemanden sichtbar.

Was Oscar Wilde beschreibt, weist auf den Zustand hin, der sich einstellt, wenn jemand auch tatsächlich der Jugendlichkeit und Schönheit viel entnehmen kann. Wie jemand aussieht, ist für unseren ersten Eindruck so wichtig und erweist sich oft auch als sehr bestimmend für die Zuordnung von Charaktereigenschaften (siehe auch Kapitel 1). Jemand, der äußerlich schön ist, ist es dann fast auch selbstverständlich innerlich. Wenn der Körper also genügend mitspielt, sieht es so aus, als ob die Perfektion, die in der geheimen Fantasie vorliegt und die uns als Menschen nicht gegeben ist, dennoch Wirklichkeit geworden ist. Das fördert den wahnhaften Charakter der Fantasie noch mehr: Die Welt liegt mir *wirklich* zu Füßen. Gleichzeitig macht diese »Lösung« die Person auch verletzlicher, da ihr die beruhigende und magische Wirkung der Fantasie fehlt. Es handelt sich ja nicht mehr um eine Fantasie, die als tröstender Hafen der Zuflucht adaptiert oder benutzt werden kann: Die »tote« Außenseite ist die einzige Wirklichkeit von Bedeutung, und diese perfekte Leiche muss, so gut es geht, erhalten werden.

Nochmals Herr C.

Auch Herr C. schien als Kind einen großen Sprung nach vorn gemacht zu haben, und auch er schien in der Realität eine Bestätigung für seine geheime Fantasie gefunden zu haben, um dadurch sein eigenes Kunstwerk zu werden.

Er wuchs mit einem zwei Jahre jüngeren Bruder in einer chaotischen Arbeiterfamilie auf. Seine Mutter beschrieb er als eine etwas kalte, unzufriedene, verbitterte Frau, die sich hätte weiterentwickeln können, aber dazu keine Chance bekam. Sie arbeitete in einem Geschäft und übertrug Herrn C. schon in jungen Jahren allerlei Verantwortlichkeiten für die Familie. Seinen Vater charakterisierte er als einen jähzornigen Mann, der in der Gewerkschaftsbewegung aktiv war und regelmäßig zu viel trank. Er war dann oft ungerecht und misshandelte sowohl Herrn C. als auch Mutter und Bruder. Alle hatten Angst vor diesem Vater, und alles in der Familie war darauf bedacht zu verhindern, dass er böse wurde. Er wurde denn auch nie mit seinem Verhalten konfrontiert. Herr C. setzte mir gegenüber noch eine Weile diese Einstellung fort, als sei sie selbstverständlich, und bezeichnete anfangs die Misshandlung als »ab und zu ein Klaps, wie das früher üblich war«. Als Herr C. dreizehn Jahre alt war, erlitt der Vater eine ernsthafte Hirnblutung. Nach seiner Genesung war er noch ein Jahr behindert zu Hause, bevor er an der folgenden Blutung starb.

Sein Bruder floh die Familie, so oft es nur ging, und Herr C. tat dasselbe, aber dann im Kopf. Das Bild, das er von sich als Kind hatte, war das von einem ernsten Jungen, der viel allein in seiner eigenen Welt spielte. Er war der Pseudoerwachsene, der niemanden brauchte, sondern für sich selbst sorgen konnte und somit versuchte, sein eigener Vater und seine eigene Mutter zu sein. Damit hatte er zugleich ein Scheitern auf Raten vorprogrammiert. Es war ja unvermeidlich, dass der Erwachsene, der er durch den großen Sprung nach vorn zu werden versuchte, auch die Züge seiner Eltern zeigte. Damit lud er sich jedoch wieder den misshandelnden Vater und die vernachlässigende Mutter auf den Hals, denen er gerade entkommen wollte. Schon im Gymnasium merkte er, dass er mit seinem Aussehen viel Aufmerksamkeit bei den Mädchen weckte, aber daraus machte er kaum etwas und kümmerte sich vor allem um seine Familie, die Schularbeiten und den Sport.

Im Studium änderte sich sein Leben grundlegend: Er hatte das Gefühl, nun endlich frei zu sein, endlich sein Leben bestimmen zu können, und er merkte außerdem, als er Mitglied einer Studentenvereinigung wurde, dass er ohne große Anstrengung bei den Kommilitonen beliebt war. Er konnte unter drei Jahrgangsclubs [15] wählen und besuchte ein Fest nach dem anderen. Er trank und rauchte – und kiffte auch ein paar Mal. Er ging in einen Vorstand, war aktiv in einer Schauspielgruppe und kam oft ins Clubhaus. Jeder fand ihn nett und toll, und er fühlte sich als der King seines Jahrgangs; die Welt lag ihm zu Füßen. Alles Elend seiner Jugend schien nun nicht nur in der Fantasie, sondern auch in der Wirklichkeit hinter ihm zu liegen. Er war auch tatsächlich die Ausnahme geworden, die er im Muster seiner geheimen Fantasie selbstverständlich zu sein glaubte. Kein Wunder,

---

[15] Jahrgangsclub (Jaarclub) ist ein Freundeskreis von Studenten, die im selben Jahr das Studium begonnen haben (Anm. d. Ü.).

dass er dann mit aller Macht versuchte, diesen Zustand festzuhalten.
Nach dem Studium fand er sehr bald eine Arbeit und wurde darin
außerordentlich geschätzt, obwohl man ihn manchmal recht kühl und
unzugänglich fand. Vor allem die Arbeit als Berater ging ihm ausge-
zeichnet von der Hand. Er fand es herrlich, immer mit anderen Men-
schen zu tun zu haben, und blieb eigentlich der schöne, beliebte Stu-
dent, der zwar die Verpflichtungen seiner Vorlesungen wahrnahm,
sonst aber die Freiheit hatte zu tun, was er wollte. Auch in seinen Be-
ziehungen zu Frauen legte er sich nicht fest. Sobald eine Frau »mehr«
wollte, das heißt, mehr miteinander unternehmen oder eventuell ge-
meinsam wohnen wollte, brach er den Kontakt ab.

Allmählich wagte er es, sich bewusst zu machen, wie leer seine Beziehungswelt in Wirklichkeit war und wie er sich vor Bindungen
fürchtete. »Sich binden« bedeutete ja, dass er auftauen und seine
Ausnahmeposition sich als Illusion entpuppen würde. Seine Angst
vor Intimität war also vor allem Angst vor Desillusionierung, sowohl was den anderen als auch was ihn selbst betraf. Daneben wurde deutlich, wie sehr seine Fähigkeit zu fantasieren durch die von
ihm gewählte »Lösung« beeinträchtigt war und wie sehr das seiner
Spontaneität und Kreativität im Wege stand. Er begann auch, etwas
von dem unterminierenden Einfluss zu spüren, perfekt sein zu müssen. Immer wenn es ihm nicht gelang, diese selbstverständliche Vorstellung festzuhalten, machte er sich selbst gnadenlos nieder.
Nach zwei Jahren kamen die früheren traumatischen Erlebnisse
zunehmend in der Behandlung zur Sprache, und er wurde so de-
pressiv, dass er fürchtete, seiner Arbeit nicht mehr nachkommen zu
können und seinem Leben ein Ende zu bereiten. In dieser Behand-
lungssituation beschloss ich, ihm ein Antidepressivum zu verordnen.
Das hatte nicht nur den Effekt, dass dadurch seine Verzweiflung
geringer wurde, er ertrug es auch besser, sich mit den früheren Erlebnissen auseinanderzusetzen. Sein Äußeres bekam für ihn zunehmend eine etwas andere Bedeutung, und er widmete sich ihm weniger zwanghaft. Da er sich mehr als Kind sehen konnte, kam die Zeit
in Bewegung, und er konnte darüber trauern, was er als Kind entbehrt und was er sich all die Jahre danach selber vorenthalten hatte.
So begann er sich zu fragen, wie es wohl sei, mit jemandem zusam-
menzuziehen.

Nochmals Dorian Gray

Wie geht es nun mit Dorian Gray weiter, dem anderen Mann, der nicht alt werden konnte? Bei ihm nimmt die Verzweiflung immer mehr zu, und Wilde lässt ihn schließlich Selbstmord begehen, indem Dorian ein Messer in das Bild sticht. Er kann das widerwärtige Wesen auf dem Gemälde nicht mehr ertragen und muss es töten. Er wird die Vergangenheit töten, und wenn sie tot ist, wird er frei sein und Ruhe finden. Als die Diener in seinem Haus einen Schrei hörten und die Tür zu seinem Kinderzimmer aufbrachen, sahen sie

> ein glänzendes Porträt ihres Herren an der Wand hängen, wie sie ihn zuletzt gesehen hatten, in all dem Wunder seiner köstlichen Jugend und Schönheit. Auf dem Boden aber lag ein toter Mann im Gesellschaftsanzug, mit einem Messer im Herzen. Er war welk, runzlig und Abscheu erregend. Erst als sie die Ringe untersuchten, erkannten sie, wer es war. (Wilde, 1980, S. 284)

Schluss

Manche Menschen können sich nicht erlauben zu altern. Diese Unfähigkeit kann mit Kindheitserlebnissen zusammenhängen. Ich habe darauf hingewiesen, wie in der Kindheit eine zu große Diskrepanz zwischen der Welt des impliziten Szenarios und der Welt der wirklichen Eltern der Auslöser für den großen Sprung nach vorn im psychischen Sinn bilden kann. Dabei flüchtet das Kind in seinen Kopf und wird in der Fantasie zu dem Erwachsenen, der es glaubt, später zu sein. Manchmal wird die Fantasie geheim, wodurch sie als spezifisches Beziehungsmuster einen Teil der Welt des impliziten Szenarios ausmacht. Der psychische Gewinn dieser selbstverständlichen Ausnahmeposition und die zugehörigen Privilegien werden mit innerer Erstarrung und mit Totsein bezahlt, wobei unter anderem die Zeit zum Stillstand kommt.

Wie bei Herrn C. zu sehen, scheint in einigen Fällen die Wirklichkeit eine solche Bestätigung in der geheimen Fantasie zu enthalten, sodass die Fantasie zur Wirklichkeit wird. Ich habe es das *Dorian-Gray-Syndrom* genannt. Es macht die Menschen besonders verletzlich, weil es eine weitere Beeinträchtigung der Fähigkeit zu fantasieren impliziert. Durch den unvermeidlichen Verfall beim Altern gibt es dann noch weniger Möglichkeiten, die Diskrepanz zwischen dem inneren Selbstbild und dem realen Selbst durch Anpassung in der Fantasie zu vermindern. Herr C. scheint schließlich genügend aufgetaut zu sein, um diese Anpassung doch einigermaßen möglich zu machen. Im Lauf der Behandlung hat er das abgeschobene Kind in sich sozusagen zum Leben gebracht und vorsichtig begonnen, ihm als tröstendes Elternteil zu begegnen.

Wenn diese Annäherung jedoch nicht gelingt, kann die Verzweiflung so groß werden, dass Selbstmord scheinbar der einzige Ausweg ist. Wie bei Dorian Gray beschrieben, hat diese Tat vor allem zum Ziel, zur Ruhe zu kommen: Der Selbstmord soll ihn von dem stillen Weinen des einsamen Kindes erlösen, das im Kinderzimmer vergeblich auf die tröstenden Eltern wartet. Wer sich der Illusion von der eingefrorenen Zeit hingibt und glaubt, immer jung zu bleiben, wird nie älter bzw. Elternteil, auch nicht des Kindes in ihm selbst.

7

Das wiedergefundene Kind

Dabei war alles außerordentlich ruhig. Er
hatte den Eindruck, durch wenige Zentime-
ter Leere, die gleichsam einen Panzer oder
eine Rüstung bildeten, von der übrigen Welt
getrennt zu sein.

Michel Houellebecq, *Elementarteilchen*

In den vorangegangenen Kapiteln wurde deutlich, wie sehr die
»Ausnahmen« unter der Diskrepanz zwischen ihrem impliziten
Lebensszenario und der wirklichen Beziehungssituation leiden. Während ihre geheime Fantasie ursprünglich dazu diente, diese Diskrepanz abzumildern, hat sie sie letztlich nur verstärkt. So sitzen die
»Ausnahmen« einsam in ihrem Kopf und haben ihren Körper kalt
und leer zurückgelassen. Diese Diskrepanz führt zu inneren Konflikten. Um bei der Lösung dieser Konflikte zu helfen, muss sich der
Blick in der Behandlung auf das genaue Wesen der Diskrepanz konzentrieren. Über den einen Pol, den wirklichen Sachverhalt, kann
der »Kopfwandler« selbst alles berichten.

Herr D., ein fünfunddreißigjähriger Justiziar, konnte mir zum
Beispiel gut erklären, wie unruhig und unglücklich er sich oft mit

seinen Freundinnen fühlte, wie er immer das Empfinden hatte, dass sie zu wenig Rücksicht auf ihn nähmen und unzufrieden an ihm zerrten, wie er dauernd Konflikte mit seinen Arbeitskollegen hatte usw. Über den anderen Pol, sein implizites Szenario, schwieg er sich jedoch aus. Da ein solches Szenario im impliziten Gedächtnis gespeichert ist, beeinflusste es »selbstschweigend« sein Leben, ob es sich dabei um seine Partnerwahl, seine Art zu lieben, seinen Beruf, seine Freunde, seine Hobbys, seine Fantasien, sein Auto oder seine politische Einstellung handelte. Das bedeutete auch, dass er bis zu einem gewissen Grad, sein implizites Szenario »war«. Er brauchte also explizit nichts darüber zu sagen, um trotzdem implizit mit diesem Szenario in meinem Sprechzimmer anwesend zu sein. Damit war gleichzeitig ein Weg vorgegeben, sein Szenario zu erkennen. Wenn Herr D. selbst sein Lebensszenario »war«, konnte ich mich auf das konzentrieren, was in seinem Verhalten und seinen Gedanken, Überzeugungen und Fantasien sichtbar wurde, insbesondere, wie sie sich in der Übertragung Ausdruck verschafften.

In der psychoanalytischen Situation besteht unser Arbeitsfeld denn auch darin, gemeinsam mit dem Analysanden so sorgfältig wie möglich der Frage nachzugehen, wie sein Verhalten und seine Aussagen uns bei der Konstruktion des impliziten Lebensszenarios helfen können, das seine Beschwerden hervorruft.

Veränderungen

Dabei erhebt sich zuallererst die Frage, ob eine solche Konstruktion des impliziten Szenarios wirklich notwendig ist. Ist tatsächlich Aufmerksamkeit geboten, um Veränderungen herbeizuführen oder, mit anderen Worten, müssen wir uns unseres impliziten Lebensszenarios erst zu einem gewissen Grade bewusst geworden sein, um uns anders verhalten zu können? Oder ist es auch möglich, auf dem unbewussten Weg, zum Beispiel durch die Erfahrung in der Beziehung, neue implizite Szenarios zu lernen, die dann ihren Platz neben dem alten einnehmen und es ausreichend außer Funktion setzen? Zur Beantwortung dieser Fragen müssen wir zum Wesen des impliziten Gedächtnissystems zurückkehren.

Wie sich vor allem in Kapitel 1 herausstellte, handelt es sich beim impliziten Gedächtnis um Erinnerungsprozesse, die außerhalb des Bewusstseins verlaufen. Das hat große Vorteile für unsere Überlebenschancen. Da der *Neokortex*, der Teil der Hirnrinde, der am Denken, Abwägen und Bewusstsein beteiligt ist, nicht eingeschaltet wird, gewinnen wir in Situationen Zeit, in denen Gefahr droht und schnelles Handeln geboten ist (LeDoux, 1996). Auch kommen die wichtigen impliziten Szenarios schon früh in einer Lebensphase zu Stande, in der das Gehirn eine große Plastizität aufweist und eine entsprechende Lernfähigkeit besitzt. Dementsprechend sind die betreffenden Muster nachhaltig eingeprägt. Das trifft auf relativ neutrale Muster zu, sicher aber auf Muster, deren Bestimmung es ist, in Situationen drohender Gefahr adäquat zu reagieren.

In dem betroffenen Schaltkreis im Gehirn spielt die *Amygdala*, der Mandelkern, als zentrale Struktur für emotionale Erinnerungen eine wichtige Rolle. Vor allem unsere emotionalen Erinnerungen sind unauslöschlich ins Gehirn eingegraben. Die maximal erreichbare Veränderung scheint denn auch darin zu bestehen, besser regulieren zu können, wie diese emotionalen Erinnerungen zum Ausdruck gelangen (ebd.). Le Doux meint, diese bessere Regulation könne erreicht werden, wenn man die Hirnrinde den Mandelkern kontrollieren lasse. In einer Psychoanalyse mit ihrer Betonung auf der bewussten Einsicht und bewussten Evaluation könnte diese Kontrolle über den Mandelkern von Bereichen der Hirnrinde ausgehen, die für die bewusste Aufmerksamkeit eine Rolle spielen. LeDoux weist dabei darauf hin, dass die Verbindungen von der Hirnrinde zum Mandelkern viel schwächer sind als umgekehrt. Das kann erklären, weshalb emotionale Informationen so leicht in unsere bewussten Gedanken eindringen, während es gleichzeitig so schwierig ist, unsere Emotionen bewusst zu kontrollieren. Die oft lange Dauer einer Psychoanalyse könnte mit der Ungleichheit der Verbindungen zwischen Hirnrinde und Mandelkern zusammenhängen (ebd., S. 265).

Die Beziehungsmuster, aus denen unsere impliziten Szenarios aufgebaut sind, arbeiten also schnell und sind schwer oder gar nicht auszulöschen. Auch letzteres hat Vorteile, wenn es um das Überleben geht. Wir brauchen nicht immer alles neu zu lernen, vor allem nicht, was gefährlich ist und was nicht (ebd., S, 252). Den Preis für diese Unauslöschbarkeit und schnelle Verfügbarkeit bezahlen wir unter anderem mit der ungenauen und rigiden Kategorisierung innerhalb dieses Szenarios; man denke nur an unsere Vorurteile und stereotypen Ansichten (siehe auch Kapitel 2). Um flexibler und nuancierter reagieren zu können, brauchen wir also die Hirnrinde, so dass wir zum Beispiel sagen können:»Du brauchst nicht so zu reagieren, du brauchst dich nicht so zu fühlen, die Situation jetzt ist ganz anders als früher.« Oder:»Dass dieser Mann eine dunkle Hautfarbe hat, braucht nicht automatisch zu bedeuten, dass er auch kriminell ist.« Oder:»Nicht jeder, der nett tut, ist meine tote Mutter.« Usw.

Aufgrund all dessen scheint es wenig plausibel, dass die Muster, die einen Teil unseres impliziten Szenarios ausmachen, sich ohne unser bewusstes Eingreifen verändern können. Die Antwort auf die Fragen, die wir oben gestellt haben, muss also lauten, dass wir uns erst bewusst machen müssen, worum es sich handelt, bevor wir über das betreffende Szenario Kontrolle ausüben können.

> Es scheint daher nicht nur wünschenswert, solche impliziten Strukturen auf emotional bedeutungsvollem Wege ins Bewusstsein zu bringen, sondern es ist auch nachweislich die entscheidende Komponente des therapeutischen Handelns. (Fonagy, 1999a, S. 219)

Attunement

Damit Herr D. zusammen mit mir mehr Einsicht in den Inhalt seines impliziten Szenarios bekommen konnte, war es in erster Linie erforderlich, ihm eine Situation hinreichender Sicherheit und hinreichenden Vertrauens zu bieten. Ich konnte das unter anderem tun, indem ich mich, so gut wie möglich, auf das einstellte, was ihn beschäftigte, um ihm so zu einer Erfahrung zu verhelfen, die ihm als Kind in diesem Ausmaß gefehlt hat.

Diese Erfahrung mit dem Analytiker, der sich tagtäglich hinreichend auf den Patienten einzustellen versucht, kann dazu führen, neben den im impliziten Szenario bereits vorhandenen Mustern des impliziten Gedächtnisses ein anderes Beziehungsmuster zu etablieren.

Ein solches Beziehungsmuster, in dem der Analytiker nachträglich die erforderliche »Entwicklungshilfe« bietet, reicht an sich nicht ganz aus, um dem Analysanden bei seinen Problemen zu helfen, ist aber die Voraussetzung dafür, dass der Analysand sich mehr in sich selbst vertiefen kann (Stern et al., 1998); Lyons-Ruth, 1999). Wie das Kind bei der Mutter, muss auch der Analysand sein Inneres gewissermaßen im Inneren des Analytikers finden oder wiederfinden können (siehe auch Kapitel 2 und 4). Der Analytiker muss sich dabei im Klaren sein, dass es sich nicht mehr um die ursprüngliche Situation eines Kindes und einer Mutter oder Bezugsperson handelt. Auf der Couch liegt ein Erwachsener, der bestimmte Fähigkeiten nicht erworben oder ihnen im Lauf seiner Entwicklung abgeschworen hat und der außerdem ein großes Interesse daran haben kann, nicht zu entdecken, was sich in seinem eigenen und dem Inneren der anderen ereignet. Wieweit es möglich ist, beim Analysanden für die »Lebenszeichen« des impliziten Szenarios Interesse zu wecken, hängt denn auch stark von den Angst- und Verzweiflungsgefühlen ab, die im betreffenden Teil des Szenarios gespeichert sind. Ich will das an einem Beispiel zeigen.

Als Herr D. ein Auto brauchte, schloss er in seinen Überlegungen deutsche oder japanische Fabrikate automatisch aus. Er hatte sich nie damit befasst, bis ein Freund ihn auf die stets gute Beurteilung dieser Automobile in den Tests des Verbraucherverbandes hinwies. Herr D. wusste das eigentlich auch selbst. Ihm war bewusst, dass es eine Beziehung zum Zweiten Weltkrieg geben könnte, dass dieser Krieg schon lange vorüber war und Deutschland und Japan nun unsere Verbündeten waren, aber es änderte sich doch nichts an seinem selbstverständlichen Gefühl, kein deutsches oder japanisches Auto kaufen zu wollen. Er verstand dieses Gefühl nicht, bis er erinnerte, dass er als Kind manchmal wegen eines Onkels gemobbt wurde, der in der Nachbarschaft wohnte und Mitglied des NSB [16] gewesen war. Plötzlich drang zu ihm durch, dass er mit der Wahl des Autos noch immer den Wunsch aus seiner Kindheit auszudrücken versuchte: »Ich werde euch zeigen, dass ich nicht zu denen gehöre, dass ich kein Kollaborateur bin.«

---

[16] NSB = Nationaal-Socialistische Beweging, die ehemalige Nationalsozialistische Partei in den Niederlanden (Anm. d. Ü.).

Es handelt sich in diesem Beispiel zwar um eine schmerzliche und beschämende Erinnerung, jedoch war sie ziemlich leicht erreichbar war und vermochte Herrn D.'s Einstellung zu Autos zu verändern. Er konnte sich nun mehr von praktischen und ökonomischen Überlegungen leiten lassen, nachdem er sich klar gemacht hatte, womit seine automatische Ablehnung deutscher und japanischer Autos zusammenhing. Ich denke, dass diese Änderung seiner Haltung möglich war, da er mir ausreichend Vertrauen schenkte und sich bei mir sicher fühlte und inzwischen ohne weiteres davon ausgehen konnte, dass ich ihm seine Verräter-Familie nicht vorhalten würde. Damit bot ich ihm ein neues Beziehungsmuster an, auf Grund dessen er auch anders mit sich umgehen konnte.

Meiner Erfahrung nach kommt eine derart »leichte« Veränderung nur dann zustande, wenn die in dem betreffenden Teil des Szenarios gespeicherten Gefühle von Angst und Verzweiflung nicht allzu stark sind. Meist bereitet es denn auch in der Behandlung der »Ausnahmen« viel mehr Mühe, die wesentlichen Elemente, die für die Konstruktion des impliziten Szenarios notwendig sind, zur Sprache kommen zu lassen. Ein wichtiges Hilfsmittel für den Analytiker wie für den Analysanden ist dabei die Möglichkeit, sich des »analytischen Instrumentes« zu bedienen. Seine Verwendung stellt einen Versuch dar, den »aktuellen Erinnerungskontext« (present remembering context) der analytischen Situation optimal zu nutzen. In Kapitel 8 werde ich ausführlicher auf dieses für die psychoanalytische Technik so wichtige Konzept zurückkommen, will aber hier schon kurz etwas dazu bemerken.

Das analytische Instrument

Unter dem Begriff »analytisches Instrument« versteht man eine bestimmte Form der Zusammenarbeit, in der sich beide, Analytiker und Analysand, im Zustand kontrollierter Regression der freien Assoziation überlassen. Das will ich ein wenig ausführen.

Der Analysand liegt auf der Couch und versucht, alles zu sagen, was ihm in den Sinn kommt. Sich dem inneren Fluss der Gedanken, Gefühle und Fantasien hinzugeben, bedeutet, sich von der äußeren

Realität ab- und der inneren Realität zuzuwenden. Das impliziert für den Analysanden, dass er in einen anderen, mehr regressiven Bewusstseinszustand kommt. Das Wort »regressiv« weist in diesem Zusammenhang auf die Möglichkeit hin, kreativer mit dem umzugehen, was sich innerlich ankündigt (Stoker, 2000). Dem Analysanden hilft bei dieser Bewegung nach innen das Liegen, das Unterlassen von Handlungen, die häufige Behandlungsfrequenz und der Umstand, dass er den Analytiker nicht sieht. Manche Analysanden steigern ihre Konzentration auf die Innenwelt noch dadurch, dass sie die Augen schließen und hiermit noch stärker »nach innen schauen«.

Auch dem Analytiker hilft das Setting, den gewünschten Bewusstseinszustand zu erreichen. Durch die Anordnung mit Couch und Sessel, so dass der Analysand ihn nicht sieht, kann er sich maximal dem Zuhören widmen. Er hört mit »gleichschwebender Aufmerksamkeit« zu. Darunter versteht man nicht nur, dass der Analytiker neutral auf alles hört, was der Analysand vorbringt, ohne sich von vornherein zu beschränken und die Aufmerksamkeit einzuengen. »Gleichschwebende Aufmerksamkeit« bedeutet auch, dass er gleichermaßen für alles offen ist, was von außen, das heißt, vom Analysanden kommt, und für das, was sich bei ihm selbst im Inneren bemerkbar macht. Eine solche Aufmerksamkeit ist nur möglich, wenn sich auch der Analytiker in einem regressiven Bewusstseinszustand befindet, der mit dem des Analysanden übereinstimmt. Gemeinsam können sie in einen traumartigen Zustand geraten, der sich deutlich von Schläfrigkeit unterscheidet und auch eine eigene Klarheit besitzt.

Bei optimaler Anwendung des analytischen Instrumentes verschwindet die gegenseitige Abgrenzung vorübergehend, und die Gedanken und Fantasien von Analytiker und Analysand können ineinander übergehen. Das muss nicht heißen, dass jede Sitzung insgesamt so verläuft, jedoch dass es regelmäßig vorkommt und dass das Setting der Psychoanalyse es jedenfalls prinzipiell möglich macht. Es kommt dann zu einem stark synchron verlaufenden Prozess. Dabei stimmen die Bilder im Kopf des Analysanden, auch wenn er nicht darüber spricht, mit den Bildern im Kopf des Analytikers überein. Gemeinsam treten die beiden in die kindliche Erlebniswelt des Analysanden ein und können dessen implizites Szenario untersuchen (Isakower, 1992; Jacobs, 1992, 1994, 1997).

Warten

Auch bei Herrn D. trug die Anwendung des analytischen Instrumentes wesentlich dazu bei, das implizite Szenario in den Blick zu bekommen.

Als er mit der Analyse begann, war er 35 Jahre alt. Als Justiziar hatte er eine gute Stellung in der Wirtschaft. Er arbeitet unglaublich hart, war ein regelrechter Workaholic und bekam auch dadurch Probleme. Er suchte Hilfe, weil seine Beziehungen zu Frauen immer ins Leere liefen, ohne dass er es recht verstand. Anfangs war die jeweilige Frau ganz begeistert, aber nach einiger Zeit beklagte sie sich, sie bekomme ihn so wenig zu sehen, weil er immer nur arbeite und nie Zeit hätte. Je mehr sie klagte, desto härter arbeitete Herr D. Es dauerte dann ein paar Monate, bis er genug hatte und die Beziehung mit einem Riesenkrach beendete. Dann stellte sich für einige Zeit ein Zustand der Ruhe ein, wobei sich Herr D. von einem schützenden Panzer der Selbstgenügsamkeit umgeben fühlte. Diese Selbstgenügsamkeit wurde wieder durchbrochen, wenn seine Sehnsucht nach einer Beziehung zu einer Frau zu stark wurde und das Ganze wieder von vorn anfing.

Von Beginn der Analyse an kam Herr D. fast zu jeder Sitzung ein paar Minuten zu spät. Montags und freitags war es meist etwas mehr. Ich merkte, dass ich selbst oft dabei ein etwas unbehagliches Gefühl bekam. Obwohl Herr D. sich immer entschuldigte, klang es nicht sehr echt. Es war vielmehr ein Akt der Höflichkeit, den er nun einmal äußerte, der mir aber nicht das Gefühl nehmen konnte, dass er es eigentlich ganz selbstverständlich fand, mich warten zu lassen. Es war auch eine gewisse Ungeduld in seiner Haltung, eine Art mattes Seufzen über die Hindernisse, denen er begegnet war, zum Beispiel einem dummen Stau, in den er geraten war. Eigentlich strahlte er aus, ich dürfe froh sein, dass er doch noch gekommen war.

Er hatte mir erzählt, dass er als Kind oft wartete, bis Vater und Mutter mit der Arbeit fertig waren, und dass er dann Unruhe verspürte, obwohl er sich gut selbst beschäftigen konnte. Ich hatte einmal die Vermutung geäußert, dass er sich in diesen Situationen vielleicht doch verlassen fühlte und sich diese Gefühle nun zu ersparen versuchte, indem er immer zu spät zu mir kam. Er brauchte sich ja nicht hinzusetzen und zu warten, sondern konnte stehen bleiben, bis ich ihn ziemlich bald, nachdem er gekommen war, aus den Wartezimmer abholte. Er nahm meine Hypothese wohlwollend auf, aber sie führte nicht zu größerer Pünktlichkeit. Auch die Möglichkeit einer Bosheit war verschiedentlich angesprochen worden. Ich zeigte ihm, dass er die Rollen nun umgedreht hatte und sich nachträglich rächte, jetzt an mir: Indem er mich warten ließ, konnte er sich allerlei ärgerlich Gefühle ersparen, aber mir waren sie aufgebürdet. Es war auch aus kleinen Hinweisen deutlich geworden, dass er eine Übertragungsfantasie hatte, in der er eigentlich Einzelkind war und ich sehnsüchtig auf ihn wartete, um ihm meine Fürsorge, Liebe und Aufmerksamkeit zu schenken. Wenn er zu spät kam, war die Möglichkeit geringer, dem Analysanden vor ihm zu begegnen, was er absolut nicht leiden konnte. Ich hatte diese Abneigung mit seiner Fantasie in Verbindung gebracht, er wolle mein einziges Kind sein, aber auf solche Bemerkungen reagierte er sehr irritiert und wechselte das Thema.

Herr D. hatte einen sehr anstrengenden Beruf, in dem ständig an sein Verantwortungsgefühl appelliert wurde, und er war ununterbrochen gehetzt. Wenn er wieder zu spät kam, hatte er dafür sehr plausible Erklärungen. An sich fiel es mir nicht schwer, Verständnis dafür aufzubringen und seine Bemühungen anzuerkennen, die Verabredungen doch noch einzuhalten. Mit diesem Verständnis kamen wir jedoch nicht viel weiter. Auch mit weniger Verständnis und Empathie konnte ich mit meinem Wissen über seine Vorgeschichte gut zu einer Art wohl überlegter Rekonstruktion kommen. Wie gesagt, ich konnte zum Beispiel eine Verbindung zu der vielen Warterei in seiner Kindheit oder zu seiner Fantasie herstellen, wie es in einer Analyse eigentlich zugehen solle, doch das blieben letzten Endes vor allem rationale Einsichten. Bei ihm und bei mir kam nicht das Gefühl auf, dass wir wirklich zu fassen bekamen, warum er derart hektisch weiterleben musste; dazu gehörte unter anderem das ständige Zuspätkommen.

Bei dem, was ich bisher von Herrn D. berichtete, habe ich zwei Formen von Wahrnehmung beschrieben. Bei der ersten versetzte ich mich in seine Lage, zum Beispiel, wenn er erzählte, wie beschäftigt er war, wie er sich abrannte und wiederum eben nicht pünktlich kam. Von seinem Standpunkt aus betrachtete ich meine eigenen Gedanken und Gefühle in der Absicht, die seinen besser zu verstehen. Wir nennen das die introspektiv-empathische Wahrnehmung. Daneben beobachtete ich auch aus einem Abstand Herrn D.'s Verhalten. Dabei hielt ich in gewissem Sinne meine empathische Fähigkeit zurück. Aufgrund meines theoretischen Wissens, meiner Erfahrung mit anderen Patienten und meiner Kenntnisse über seine Vorgeschichte konnte ich dann bestimmte Vorstellungen über die Bedeutung seines Zuspätkommens entwickeln und sie ihm unterbreiten. Wie ich gezeigt habe, führten diese beiden Wahrnehmungsarten uns jedoch nicht viel weiter.

Das analytische Instrument erweiterte den Bereich, den wir wahrnehmen konnten, jetzt insofern, als es uns möglich wurde, Dinge wahrzunehmen, die in der Regel unbemerkt und ungesehen bleiben.

An einem Freitag kam Herr D. ungefähr fünf Minuten zu spät. Er ließ sich auf die Couch fallen und erzählte, wie er gerannt war und es ihm kaum gelungen war, mit seiner Arbeit fertig zu werden. Er ging auf Einzelheiten seines Projektes ein und klang dabei etwas böse und vorwurfsvoll. Während Herr D. mir dies alles erzählte, tauchten in mir Bilder auf, was ich noch alles zu erledigen hatte. Ich sah vor mir ein Wochenende mit allerlei Kleinkram und bekam dabei ein Gefühl von Müdigkeit und Hoffnungslosigkeit. Nach ungefähr 20 Minuten wurde Herr D. still. Ich merkte, dass das Gefühl der Hoffnungslosigkeit bei mir zunahm, und ich begann, mich äußerst traurig zu fühlen. Ich sah mich als kleinen Jungen in einer Situation, in der ich damals völlig ratlos war. Nach ein paar Minuten fragte ich Herrn D., ob er schweige, weil ich ihm nicht anmerken sollte, dass er traurig sei. Er bestätigte das, blieb aber weiterhin still. Ich fragte ihn dann, ob sich Bilder von früher aufdrängten, die ihn traurig machten und die er zu schmerzlich fand, um sie mitzuteilen. Herr D. erzählte dann, dass er sich als kleinen Jungen im Zimmer sah, wo er immer wartete, bis Vater und Mutter mit der Arbeit fertig waren. Er war dann oft wie ein Verrückter damit beschäftigt, allerlei Spiele aus dem Schrank zu holen, nur um etwas zu tun zu haben und die Zeit tot zu schlagen. In diesem Bild, das er nun hatte, wusste er keine Spiele mehr und fühlte sich enorm traurig und verlassen. Als er das erzählte, lag er da und kämpfte mit den Tränen.

In diesem Augenblick wurde ihm zum ersten Mal eine emotionale Verbindung zwischen sich, wie er jetzt war, und dem kleinen Jungen von früher spürbar. Dadurch konnte er sich bewusst machen, dass er in seinem Leben eigentlich immer noch dabei war, wie ein Verrückter Spiele aus dem Schrank zu holen, nur um nicht in das verzweifelt-traurige Gefühl zu geraten.

Was hier geschah, könnte man als das Wiederfinden des Kindes bezeichnen, das er in emotionalem Sinne vergessen hatte. Dieses Wiederfinden wurde durch die Situation in der Analyse möglich, in der er mich als jemanden erleben konnte, der ihm rückwirkend half, sich einen wichtigen Aspekt seiner Kindheit anzuschauen. Die Bemerkungen, die ich bisher in der Analyse darüber gemacht hatte, wie er vielleicht seine Beziehung zu mir erlebte, rückten dadurch für ihn in eine neue Perspektive. Er konnte nicht mehr umhin zu realisieren, dass sein Leben erheblich daraus bestand, an einem Zustand festzuhalten, in dem er sich nicht verzweifelt-traurig zu fühlen brauchte. So stellte diese Erfahrung einen wichtigen Schritt dar, einen emotionalen Zugriff auf sein implizites Szenario zu bekommen.

In der folgenden Zeit konnte ich zum Beispiel mit ihm besprechen, dass die größere Verspätung montags und freitags möglicherweise auf die besondere Bedeutung hinwies, die das Wochenende für ihn hatte. Könnte es sein, dass er am Wochenende wartete, bis ich endlich fertig war – nun mit meiner »Wochenendarbeit«, in der es keinen Platz für ihn gab? Könnte es sein, dass er sich durch mich dann seinem Schicksal überlassen fühlte und dies ein unerträgliches Gefühl war? Dass er sich dann als das wertlose, ungeliebte Kind fühlte, mit dem niemand etwas zu tun haben wollte? Dass er sich gegen dieses Gefühl mit seinem herablassend-gleichgültigen Verhalten und mit der Fantasie wehrte, mein einziges Kind zu sein? Und dass er das schon als Kind getan hatte? Schritt für Schritt wurde es so möglich, eine geheime Fantasie zu konstruieren, die ungefähr folgendermaßen lautete: »Ich bin eine ganz besondere Person. Nie warte ich auf jemanden, denn ich brauche niemanden, auch nicht meine Eltern. Ich habe immer zu tun, und das reicht mir. Die anderen, vor allem Frauen, warten immer auf mich.«

Stets ergaben sich Situationen, in denen es Herrn D. große Mühe bereitete, seine geheime Fantasie »sprechen« zu lassen. So fand er es sehr beschämend zu erzählen, was in ihm vorging, als er einmal klingelte und es etwas länger als üblich dauerte, bis ich öffnete. Er hatte spontan Wut empfunden und wollte auf dem Absatz umkehren: Wie konnte ich es wagen, ihn warten zu lassen? Anhand solcher Ereignisse konnten wir auch besser verstehen, woran seine Beziehungen zu Frauen immer scheiterten. Frauen waren vor allem ein Ärgernis. Erst taten sie begeistert, warteten auf ihn, aber bald stellten sie Ansprüche, störten ihn in seinen Tätigkeiten und wurden immer fordernder. Bevor er sich versah, ergaben sich Situationen, in denen er auf sie wartete und in ihm das bohrende Gefühl aufkam, dass sie ihm etwas bedeuteten.

Bei der Mühe, die es Herrn D. kostete, seine Übertragungsfantasien auszusprechen und sich die Bedeutung seines Verhaltens bewusst zu machen, wurde noch einmal deutlich, dass das implizite Szenario selbst zwar dynamisch inaktiv, das heißt sozusagen losgelöst von den ursprünglichen Ereignissen und relativ unbeeinflussbar ist, aber dass man dennoch von einer Dynamik sprechen kann. Sie hängt mit den Versuchen in der Analyse zusammen, das Szenario bewusst zu konstruieren, und sie findet genau im Widerstand rund um die Beschäftigung mit den Lebenszeichen, die das Szenario aussendet, ihren Ausdruck.

Wenn wir die Problematik der »Ausnahmen« in Betracht ziehen, ist ein solcher Widerstand auch verständlich. Jede meiner Bemerkungen über Herrn D.'s Verhalten bildete ja einen möglichen Angriff auf die Selbstverständlichkeit, mit der unsere Beziehung für ihn als eine zwischen »Warter« und »Erwartetem« definiert war. Der »Erwartete« war er. Dasselbe galt für seine Übertragungsfantasien. Allein schon dadurch, dass er sie aussprach, verloren sie ihre Selbstverständlichkeit, und er lief Gefahr, in die alte Verzweiflung zu verfallen.

Die »Ausnahmen« geben sich denn auch immer große Mühe, das Beziehungsmuster der geheimen Fantasie zu schützen, indem sie ihre Abkömmlinge nicht wahr sein lassen. Die Tatsache, dass die geheime Fantasie nicht direkt, sondern nur durch das Verhalten und die Übertagungsfantasien erkennbar ist, kommt dieser Haltung entgegen. Wie auch bei Herrn D. deutlich wurde, war es ihm möglich, die betreffenden Verbindungen lange Zeit zur Seite zu schieben, indem er mich irritiert fragte, wovon ich es in Gottes Namen hätte. Es bedarf dann oft einer Begebenheit, wie ich sie in der Vignette beschrieben habe, um gefühlsmäßig die Evidenz herzustellen, welche die weitere Verleugnung unhaltbar macht.

Das wiedergefundene Kind

Die schrittweise Konstruktion des impliziten Szenarios macht es den »Ausnahmen« auch möglich, das vergessene Kind sozusagen wiederzufinden und die Trauer in Gang zu bringen. Ich denke, dieser Prozess verläuft etwa folgendermaßen.

Wenn die »Ausnahmen« ständig auf eine bestimmte Haltung oder der Existenz einer bestimmten Übertragungsfantasie hingewiesen werden, können sie als Erstes das dazugehörige Verhaltensmuster im impliziten Szenario erkennen. Bei Herrn D. bedeutete das zum Beispiel, sich allmählich zu eigen machen zu können, wie er sein Leben so einzurichten versuchte, dass im buchstäblichen und übertragenen Sinn nie er auf jemanden, sondern immer der Andere auf ihn wartete. Dann konnte er dieses implizite Erwartungsmuster mit dem Geschehen in der Analyse vergleichen, das heißt auch, wie es zwischen ihm und mir zuging. Indem er mit meiner Hilfe die Diskrepanz zwischen seinem impliziten Szenario und der tatsächlichen Situation artikulierte, konnte er Abstand gewinnen und sich »erinnern« im Sinne von sich vorstellen, wie es damals für das Kind gewesen sein musste. Dabei war wichtig, dass eine Verschiebung von der Zuschauerposition zur Feldposition (siehe Kapitel 2) stattfinden konnte, das heißt, dass er den Mut hatte, so gut es ging, mit den Augen eines Kindes auf die Ereignisse von damals zu blicken. Das ist nicht dasselbe, wie unerwartet das Kinderzimmer zu betreten und von den Ereignissen dort überschwemmt zu werden. In letzterem Fall handelt es sich um die plötzliche Verstrickung in verwirrende und unbegreifliche Gefühle, die diffus bleiben und keine begreifbare Verbindung zur eigenen Geschichte bekommen. Herr D. konnte zum Beispiel plötzlich von einem intensiven Verzweiflungsgefühl überfallen werden, das er nicht verstand und das ihn total in Verlegenheit brachte. Erst später in der Analyse wurde deutlich, dass er dieses Gefühl unter anderem bekam, wenn er ein Elternteil mit Kind sah, die liebevoll miteinander umgingen.

Beim Wiederfinden des vergessenen Kindes handelt es sich also nicht darum, bestimmte Ereignisse zu erinnern, sondern sich vorzustellen, wie es in der Kindheit gewesen sein könnte. Es geht also nicht um das Wiederfinden von etwas Verlorenem, sondern um die Konstruktion eines Gefühlszustandes, der als solcher wahrscheinlich nie empfunden wurde, sondern sich jetzt in der Übertagung meldet.

Das nachträgliche gefühlsmäßige Erleben der Befindlichkeit, in der er sich als Kind befand, verhalf Herrn D., sich diese Zeit, seine Kindheit, als etwas von sich anzueignen, etwas, das einen unveräußerlichen Teil seiner Geschichte darstellte und nun auch mit all seiner emotionalen Besetzung einen Teil seiner Geschichte ausmachen konnte. Als Erwachsener war er also auch wirklich derjenige, der damals im Zimmer saß und sich verzweifelt gefühlt hätte, wenn er es damals hätte zulassen können.

Dadurch, dass er das innere Kind solchermaßen zum Leben kommen ließ, fand gleichzeitig eine integrative Bewegung statt, bei der er sich wieder seinen Körper aneignete. Gefühle sind ja ohne Vermittlung des Körpers nicht möglich; das lässt sich daran sehen, welche Bedeutung wir bestimmten körperlichen Zuständen beimessen (Damasio, 1995; LeDoux, 1996). Dieses körperliche Element ist wesentlich und verleiht einem Gefühl auch Stabilität. Ohne sie wird ein Gefühl flach, wirkt auf den anderen unecht, und es wird schwieriger, mit einer Gefühlsäußerung mitzuschwingen.

Indem er den Gefühlen des vergessenen Kindes nachträglich einen dauerhaften Platz zuwies, war für Herrn D. auch der Körper kontinuierlich vorhanden und nicht mehr etwas, das sich manchmal unwiderstehlich und überwältigend aufdrängte. So konnte er aufhören, ein »Kopfwandler« zu sein und wurde wieder eine Person aus Fleisch und Blut mit allem, was dazugehört. Jetzt wurde ihm gelegentlich kalt, auch auf der Couch, während er sonst immer ohne Mantel ging, denn er fror nie. Er gönnte sich auch ab und zu die Zeit für einen Lunch, während Hunger und Durst früher keine Rolle hatten spielen dürfen: Sein Körper war eine Maschine, die einfach zu funktionieren hatte und keine Wartung verlangen durfte. Wenn er mit seiner Freundin schlief, benutzte er sie auch weniger als Masturbationsinstrument, sondern konnte allmählich empfinden, dass er lebte und mit einem lebendigen Anderen etwas gemeinsam machte.

In der Vignette wird eine prototypische Szene sichtbar: In Herrn D.'s Kindheit gab es viel mehr Situationen, die alle ein und dieselbe emotionale Konnotation hatten.

Herr D. war ein Nachkömmling in einer Familie mit drei Kindern. Als er fünf Jahre alt war, ging sein Bruder aus dem Haus, ein Jahr später folgte seine Schwester. Die Eltern hatten ganz sicher nicht mehr mit der Ankunft eines dritten Kindes gerechnet und überließen ihn viel seinem Schicksal. Er wartete nicht nur oft, bis sie von der Arbeit heimkamen, sondern musste auch, wenn sie zu Hause waren, darauf warten, ob sie sich mit ihm abgeben wollten. Er beschrieb Vater und Mutter vor allem als müde Eltern, die sich kaum in seine Kinderwelt hineinversetzen konnten und von ihm vor allem erwarteten, dass er groß und tüchtig sei. Seine Einsamkeit nahm noch mehr zu, als der geliebte Großvater starb; Herr D. war damals sieben Jahre alt.

Es handelte sich bei Herrn D. denn auch nicht um das Wiederfinden der Erinnerung an ein oder mehrere spezifische Ereignisse, sondern um die emotionale Illustration eines Teils seines impliziten Szenarios, wie es jetzt in seinem Leben eine Rolle spielte. Mit Hilfe dieser Bilder konnte er noch besser empfinden, warum er sich zum Beispiel im Hier und Jetzt der Analyse so verzweifelt fühlen konnte, wenn das Wochenende bevorstand.

Das alles macht noch verständlicher, warum der Widerstand der »Ausnahmen«, die Dinge aus der Perspektive des Kindes zu betrachten, so groß ist. Da ein Wechsel des Blickwinkels daran gebunden ist, sich das Beziehungsmuster der geheimen Fantasie, eine »Ausnahmen« zu sein, anzuschauen, halten sie verzweifelt an der Sichtweise der Erwachsenen fest. Dieser Widerstand gegen die Sicht aus der Kinderperspektive äußert sich oft in Selbsthass. Alles, was in Richtung des hilflosen und ohnmächtigen Kindes weist, wird dann gehasst. Obwohl diese Hasshaltung gegen sich selbst auch eine Verinnerlichung darstellt, wie die Beziehung zu dem Elternteil oder den Eltern, einschließlich der zugehörigen Loyalitäten (siehe auch Kapitel 4): erlebt wird, bezieht sie ihre »Attraktivität« im Hier und Jetzt vor allem aus der Hilfe, die sie bei der Aufrechterhaltung der Ausnahmefantasie bietet.

Bei Herrn D. wurde dieser Selbsthass auch regelmäßig in der Analyse sichtbar. Er konnte sich zum Beispiel nicht nur äußerst höhnisch über sein Unvermögen, noch härter zu arbeiten, als er es ohnehin schon tat, oder über sein immer wiederkehrendes Bedürfnis auslassen, doch etwas mit einer Frau zu beginnen. Auch Bemerkungen meinerseits, mit denen ich Verständnis dafür zeigen wollte, wie schwer das Leben für ihn sei, nahm er leicht mit einer Haltung auf, sich zu schmähen und als Versager hinzustellen. Auch wenn ich ihn darauf ansprach, dass es für ihn an den Wochenenden, so allein ohne mich und ohne die Hektik der Arbeit womöglich schwierig war, konnte er mit Hohn reagieren. Vor allem galt dieser Hohn mir, doch sobald er weniger gut darauf bestehen konnte, dass ihm meine Abwesenheit absolut nichts ausmachte und er seine Abhängigkeit anerkennen musste, richtete er die Schmähung hauptsächlich gegen sich. Er hasste sich in all seiner verwerflichen Bedürftigkeit und seinem Unvermögen, tüchtiger zu sein.

Der aktive Analytiker

Um das Muster der geheimen Fantasie hinreichend in der Analyse zum Thema zu machen, muss der Analytiker aktiv nach Hinweisen suchen, was in Verhalten und Fantasie als Zeichen für die Existenz dieses Musters dienen kann. Andernfalls analysiert er leicht gemeinsam mit dem Analysanden an der geheimen Fantasie vorbei. Das heißt, er gibt dem Analysanden die Möglichkeit, seinem Verhalten und seinen Übertragungsfantasien nicht nur eine vorübergehende Wahrnehmungsidentität beizumessen, sondern diese auch im Lauf der Zeit mit Selbstverständlichkeit in das Muster der geheimen Fantasie aufzunehmen.

Angenommen zum Beispiel, ich hätte die ständige geringe Verspätung von Herrn D. nach einer gewissen Zeit nicht mehr angesprochen, sondern mehr oder weniger als etwas hingenommen, das nun einmal zu ihm gehörte und offenbar unveränderlich war; damit hätte ich die Selbstverständlichkeit dieses Verhaltens und die stillschweigend damit verbundene Bedeutung bestätigt: Ich warte nun einmal immer sehnsüchtig auf ihn und bin entzückt, dass er wenigstens noch kommen wollte. Ich hätte dann eigentlich aus der Analyse ein Unternehmen gemacht, das seine geheime Fantasie »selbstschweigend« aufrecht erhalten hätte, statt sie mit ihm zu konstruieren und dann zu »dekonstruieren«.

Gerade in allen möglichen Dingen können wichtige Anknüpfungspunkte vorliegen, um die Muster des impliziten Szenarios mit

Hilfe einer gemeinsamen Konstruktion zu thematisieren. Dass diese Dinge uns so leicht und selbstverständlich entgehen können, hängt auch mit dem großen Interesse von Analysand und Analytiker zusammen, die Ausnahmefantasie nicht anzutasten.

Herr D. war absolut nicht darauf erpicht, in die verzweifelte Verlassenheit einzutauchen, um die es in seiner kindlichen Erlebniswelt ging. Für mich war es auch nicht anders. Wie ich in der klinischen Vignette deutlich machte, konnte ich ihn ja nicht allein ohne mich in das Kinderzimmer eintreten lassen, sondern musste ihn begleiten, um ihm beim Integrieren dessen zu helfen, was sich emotional abzeichnete. Um das zu tun, um ihn emotional wirklich zu begleiten und zu wissen, wo er war, musste ich das Gefühl von Verzweiflung auch in mir aufkommen lassen, das heißt, ich wurde automatisch mit Situationen konfrontiert, in denen ich in meinem Leben dieselbe Verzweiflung gespürt hatte.

Meist ist auch der Analytiker nicht darauf versessen, die Erlebniswelt der »Ausnahmen« zu betreten, indem er das »analytische Instrument« einsetzt. Hinzu kommt noch, dass er dieses Instrument nur nutzen kann, wenn er sich dem Analysanden zuwendet und sich möglichst gut auf ihn einstimmt. Dadurch wird auch er für das verletzbar, was sich defensiv auf der Seite des Analysanden ankündigt. Gerade in den Analysen der »Ausnahmen« wird diese Verletzlichkeit manchmal »bestraft«, wenn sie sich mit Hohn und Hass hinter dem Muster ihrer Ausnahmefantasie verschanzen und innerlich dem Analytiker den Hals umdrehen.

Mit dieser Bewegung versucht die »Ausnahme«, den Analytiker unschädlich zu machen, sofern er, indem er dauernd sagt, was er sieht oder zu sehen meint, als jemand empfunden wird, der die geheime Fantasie beschädigt. Allein schon dadurch stimmt er nicht mit den Gegebenheiten der Beziehung in der Ausnahmefantasie überein: Der Analytiker soll den Mund halten und die Erwartungen erfüllen. Tut er das nicht, wird er zunächst innerlich zum Anderen, der mit Hass und Gleichgültigkeit dem verletzlichen Selbst der »Ausnahmen« gegenübersteht. Die »Ausnahme« kommt dadurch sozusagen nach Hause und kann mit voller Überzeugung sagen, sie wäre verrückt, wenn sie weiterhin zuließe, der geheimen Fantasie auf den Grund zu gehen. Erst wenn sie die Erfahrung machen kann, dass der Analytiker sich nicht abbringen lässt, sondern weiterhin

Interesse zeigt, kann die Ausnahme das ebenfalls tun und mit sich selbst zu Rate gehen.

Wie ich die Dinge formuliere, scheine ich dem Analysanden ein hohes Maß bewusster Aktivität zuzuerkennen. Dieses Benennen der »Lebenszeichen« des impliziten Szenarios als bewusste Aktivität des Analysanden stellt für die Behandlungstechnik eine Fallgrube dar, da es am selbstverständlich erlebten Charakter des Verhaltens und der Fantasien, um die es sich handelt, vorbeigeht. Sie werden vom Analysanden ganz und gar nicht als etwas erlebt, was er selbst tut: Alles geschieht von selbst, automatisch. Wenn der Analytiker hier nicht genug darauf achtet, gerät der Analysand leicht in dasselbe ohnmächtige Gefühl, das er früher als Kind hatte. Damals geschahen Dinge, die das Kind nur ungenügend im Griff hatte und für die es dennoch verantwortlich gemacht wurde im Sinne von: Damit musst du selbst fertig werden, auch wenn du nicht weißt, worum es sich handelt. Genau diese Konstellation wiederholt sich dann in der Analyse.

Bei Herrn D. zeigte sich das zum Beispiel im Zuspätkommen. Meine Formulierung: »Kann es sein, dass Sie immer zu spät kommen, um sich im Wartezimmer nicht ärgerlich und verlassen zu fühlen?«, berücksichtigte nur unzureichend den ursprünglich selbstverständlichen Charakter dieses »Lebenszeichens« seines impliziten Szenarios, wonach das Zuspätkommen nichts Besonderes war. Man muss zuerst bei dieser Selbstverständlichkeit verweilen, bevor man den nächsten Schritt machen kann. Das kann zum Beispiel durch Interventionen der folgenden Art geschehen: »Mir fällt auf, dass Sie oft zu spät kommen, und das scheint so selbstverständlich.« Solche Bemerkungen helfen dem Analysanden nicht nur, Verhalten, Ansichten, Gedanken und Fantasien ihres »selbstschweigenden« Charakters zu entledigen; indem der Analytiker dem Analysanden gewissermaßen auch sagt, dass es sich um einen »dritten Anwesenden« handelt, nämlich die innere Welt des Analysanden, helfen die Interventionen dem Analysanden auch besser, eine Theorie zu entwickeln, wie es im Inneren des Menschen zugeht (siehe Kapitel 2 und 5). Der Analysand kann dann seinem Verhalten eine Bedeutung geben und zum Beispiel realisieren, dass zwischen seinem Verhalten und der inneren Befindlichkeit ein Zusammenhang besteht: Ich tue das nicht nur einfach so, von alleine, sondern um damit einer Gefahr aus dem Weg zu gehen. Für Herrn D. war es die Gefahr, immer noch nicht zu integrierenden Wahrnehmungen im Inneren ausgeliefert zu sein.

Eine echte Beziehung

Schließlich will ich noch auf die große Bedeutung eingehen, mit der die Ausnahmen auf der Gewissheit beharren können, etwas anderes als eine Analyse zu machen. Diese Gewissheit bildet den Kern ihrer Problematik.

Die Beziehung zwischen Analytiker und Analysand ist grundsätzlich anderer Art als eine normale Beziehung zwischen zwei Menschen. Das Ungewöhnliche und Andersartige in der analytischen Beziehung wird meines Erachtens vor allem davon bestimmt, dass in der Analyse der Erlebniswelt des Analysanden der absolute Vorrang gilt. Sie stellt ja den Bereich dar, der untersucht werden muss, um das implizite Lebensszenario des Analysanden einigermaßen kennen zu lernen. In einer normalen Beziehung handelt es sich nie um einen solchen einseitigen Vorrang. Dass der Analytiker immer versucht, diese Priorität als Leitfaden für sein Verhalten zu nehmen, hat für die Beziehung wichtige Konsequenzen. Es bedeutet zum Beispiel unausweichlich, dass er die Dinge vor allem aus der Perspektive des Analysanden und in einem Ausmaß zu verstehen versucht, das er in einer normalen Beziehung nicht ertragen und akzeptieren würde. Ich erwähnte bereits, wie schwierig es für den Analytiker ist, offen zu sein, sich verletzbar zu machen und sich die Gefühle, die sich in seinem Inneren abzeichnen, zu betrachten und gleichzeitig die Hohn- und Hassgefühle des Analysanden abzubekommen, sie zu ertragen und zu verstehen, ohne sich allzu sehr zu verschließen oder zurückzuschlagen.

Das gelingt natürlich nicht immer. Der Analytiker hat nicht immer dabei Erfolg, der Erlebniswelt des Analysanden den Vorrang einzuräumen, doch er probiert es auf jeden Fall. Dabei wird er der Andere, der sich »hinreichend gut« auf den Analysanden abzustimmen und ihm dadurch zu helfen versucht, sich zu verstehen. Allmählich kann die »Ausnahme« dann realisieren, dass sie genau das aufgeben müsste, wenn sie eine »echte« Beziehung zum Analytiker eingehen würde. Diese Vorstellung ist anfangs keineswegs selbstverständlich, sondern muss mittels der Übertragungsfantasien deutlich werden. Für Herrn D. war es zum Beispiel unerträglich, dass wir uns außerhalb der Analyse nicht als Freunde begegneten. Warum konnten wir nicht spazieren gehen, zusammen ein Bier trinken oder uns zu Hause besuchen? Und wenn es während der Analyse nicht ging, dann doch sicher nachher? Oberflächlich betrachtet sah es so aus, als wolle Herr D. die analytische Beziehung gegen eine »normale« austauschen.

Wenn derartige Fantasien ausreichend ausgesprochen werden, stellt sich jedoch immer heraus, dass im Wunsch nach einer »echten« Beziehung zum Analytiker bei näherem Hinsehen doch überwiegend die Erlebniswelt des Analysanden den Vorrang behalten soll. Man könnte auch sagen, der Analysand wolle im psychologischen Sinne nicht wirklich für die »echte« Beziehung bezahlen. Herr D. wollte nichts davon wissen, dass in einer »echten« Beziehung auch meine Wünsche gelten sollten, die dann bei weitem nicht immer mit seinen übereinstimmen würden. Es war undenkbar, dass er etwas unternehmen wollte und ich keine Lust dazu hatte oder dass er mir etwas erzählen und ich nicht zuhören, sondern selbst etwas loswerden wollte. In einer normalen Beziehung dagegen muss ein wechselseitiger Vorrang der Erlebniswelt beider Partner möglich sein.

Das macht wieder einmal deutlich, wie wichtig es ist, die Analysanden aktiv einzuladen, den Übertragungsfantasien nachzuspüren und mit allen Konsequenzen zu durchdenken. »Wir gehen spazieren, und was dann? Wir trinken ein Bier, und was dann? Wir gehen ins Bett, und was dann? Ich besuche Sie, um Ihren Sohn zu sehen und Sie können zuschauen, wie ich arbeite, ich gebe Ihnen Ratschläge, wie Sie es am besten mit ihrer Freundin anstellen können, dann liegen Sie bei mir im Bad, dann gehen wir hinaus und bewundern Ihr Auto – und was dann? Wie geht es dann weiter?«

Gerade wenn man den »Ausnahmen« hilft, die Übertragungsfantasien möglichst konkret und detailliert auszuarbeiten, wird es möglich, zur Konstruktion ihrer geheimen Fantasie zu gelangen, die genug innere Überzeugungskraft besitzt und das Verhalten im täglichen Leben verständlich macht. Jedes Mal werden sie mit dem Außergewöhnlichen ihrer impliziten Vorstellung, was die Beziehung betrifft, konfrontiert, so dass sie allmählich realisieren können, dass sie zu viel wollen, etwas Unmögliches verlangen und deshalb unzufrieden bleiben, auch in der Analyse. Sie können dann spüren, dass die Beziehung zum Analytiker kein matter Abklatsch dessen darstellt, was eigentlich »in echt« sein sollte, sondern gerade etwas bietet, was sie vor der Analyse zu wenig hatten und nach der Analyse wahrscheinlich nie mehr bekommen werden. Das alles kann dann dazu führen, dass sie sich, anfangs an der Hand des Analytikers, beim Besuch des so lange verschlossenen Kinderzimmers zunehmend vertrauter fühlen können. Damit übernehmen sie schrittweise selbst die Funktion des Analytikers als von jemandem, der sich, so gut er kann, auf ihre Erlebniswelt abstimmt und wissen will, was in ihnen vorgeht. Dieser vielfältige Besuch macht die Integration des vergessenen Kindes möglich, das mit dem Rest der Persönlichkeit sozusagen nicht mitwuchs, sondern ziemlich unbeweglich und insgeheim im impliziten Gedächtnis vorhanden war. Das wiedergefundene Kind braucht jetzt nicht mehr still zu halten, sondern kann nachträglich erzählen, worum es geht, weil der Analysand endlich sich selbst zuhört.

8

Der Analytiker als Instrument

Ich will dich töten, aber ohne dich
kann ich nicht leben.
Leonard Shengold:
The boy will come to nothing

In diesem letzten Kapitel will ich ausführlicher auf die Konsequenzen eingehen, die sich daraus ergeben, dass ich mich als
Analytiker selbst zum Instrument mache. Ich werde vor allem auf
drei Normen eingehen, die mir dabei im Weg stehen können, wenn
ich mir ihrer nicht genügend bewusst bin.

Ein altes chinesisches Sprichwort lautet: »Wir sehen die Dinge
nicht, wie sie sind, sondern wie wir selbst sind.« Dieser Spruch weist
auf die Unmöglichkeit hin, die Dinge losgelöst von uns zu erkennen.
Die gegenwärtigen Wahrnehmungstheorien unterstreichen das. Die
Evaluation beginnt schon mit der Wahrnehmung und ist nicht von
ihr zu trennen, so dass sie unauflöslich mit unserem Werturteil verbunden ist (Van Leeuwen, 1987). Für meine Arbeit als Analytiker
hat das wichtige Konsequenzen. Von der Innenwelt eines Analysanden kann ich zum Beispiel nur das erkennen, was *ich* wahrnehme.

Und was ich wahrnehme, bezieht automatisch auch mich als den Wahrnehmenden mit ein, einschließlich meiner Normen und Werte (Schwaber, 1983a).

Freud hatte zu seiner Zeit eine vollkommen andere Sicht der »Wahrnehmung«. Für ihn bestand sie aus der passiven, vorübergehenden Registrierung eines äußeren Objektes. Freud war der Meinung, ein Sinnesorgan funktioniere wie die Linse einer Kamera, wobei die Wahrnehmungen keine bleibenden Spuren hinterlassen, so dass das Sinnesorgan zu immer neuen Registrierungen im Stande sei. In dieser Auffassung wird die Wahrnehmung nicht durch Erfahrungen aus der Vergangenheit beeinflusst und ist auch keinem Entwicklungs- und Lernprozess unterworfen. Freud setzte die beiden Begriffe »Wahrnehmung« und »äußere Realität« denn auch oft gleich und wechselte sie untereinander aus. Eine solche Sichtweise, die auch »Abdruck-Theorie« heißt, setzt eine angeborene Fähigkeit zur genauen objektiven Registrierung voraus und geht von einer unmittelbaren und wesentlichen Übereinstimmung von »realem« Objekt und seiner Wahrnehmung aus (Schimeck, 1975, S. 172 f).

Dieser Ansicht Freuds, die eng an das Bild des Analytikers als des objektiv Wahrnehmenden anschließt, steht die heutige Auffassung gegenüber, dass die Reize aus unseren Sinnesorganen vom Zentralnervensystem zu Wahrnehmungsvorstellungen verarbeitet werden, bei denen zahlreiche individuelle Faktoren eine Rolle spielen (Slap, 1987). Doch in dem Ausmaß, wie letzteres geschieht, gibt es einen quantitativen Unterschied. Um besser zu verdeutlichen, was ich damit meine, will ich kurz auf die Wahrnehmungsweise des Analytikers eingehen (Spencer/Balter, 1990).

Ich kann zunächst einmal wahrnehmen, indem ich aus einem gewissen Abstand das Verhalten eines Analysanden beobachte. Auf Grund meiner Lebenserfahrung, meines theoretischen Wissens, meiner Erfahrung mit anderen Analysanden oder Informationen aus der Vorgeschichte des betreffenden Analysanden kann ich mir eine bestimmte Vorstellung über die Bedeutung seines Verhaltens machen und sie ihm eventuell unterbreiten. Wenn ich auf diese Weise wahrnehme – wobei ich sozusagen an der Außenseite des Analysanden bleibe –, spielen meine Normen und Werte zwar eine Rolle, aber gleichzeitig ist ein beträchtliches Maß an Objektivität möglich. Der große Nachteil jedoch liegt darin, dass ich dabei wenig

Information über die spezifische Erlebniswelt des Analysanden in diesem Augenblick erhalte.

Ein gutes Beispiel ist der schweigende Analysand. Ich kann mir über sein Schweigen allerlei Hypothesen bilden, aber ich brauche mehr Informationen, um zu verstehen, warum er gerade in diesem Moment schweigt und was er damit ausdrückt. Damit es uns beiden möglich ist, seine Erlebniswelt besser kennen zu lernen, setzt der Analysand seine Introspektion ein, um mir mitzuteilen, was in ihm vorgeht. Gleichzeitig versuche ich, mich in seine Lage zu versetzen, und beobachte von da aus meine eigenen Gedanken und Gefühle in der Absicht, die seinen besser verstehen zu können. Diesen Versuch, sich in die Erlebniswelt des anderen hineinzuversetzen, nennen wir »Empathie«. Es handelt sich dabei um einen Versuch, denn ich kann mir nicht wirklich die Schuhe des Analysanden anziehen, ich kann nicht wirklich in seinen Kopf hineinschauen; das geht nur bei mir selbst. Ich bin also in erster Linie auf die Introspektion des Analysanden angewiesen und dann auf meine eigene. Diese Form des Wahrnehmens wird denn auch introspektiv-empathisch genannt (ebd., S. 401 und 405); sie verhilft mir zwar zu viel mehr Informationen über den Analysanden, ist aber, da abhängiger von der eigenen Introspektion, viel subjektiver.

Wir können also mit Sicherheit behaupten, dass es auch in der Welt der Wahrnehmung keine »unbefleckte Empfängnis« gibt. Wenn ich als Analytiker zuhöre, bedeutet das auch automatisch, dass ich werte, ein Werturteil zuordne und damit meine eigenen Normen und Werte in den Prozess einbringe. Diese Normen und Werte machen einen Teil der Modalität aus, mit der ich mich und die Welt sehe, und ich bin mir dieses Weltentwurfs nur zum Teil bewusst. Wie sich in den vorangegangenen Kapiteln gezeigt hat, ist ein wichtiger Teil dessen, was unser Leben steuert, das implizite Lebensszenario, das im impliziten Gedächtnis gespeichert ist.

Um meine Arbeit als Analytiker gut ausüben zu können, muss ich unter anderem, so gut ich kann, über mein implizites Lebensszenario Bescheid wissen. Ich muss also immer bereit sein, sowohl mein Verhalten als auch meine Gedanken, Überzeugungen und Fantasien bezüglich ihrer Relevanz für dieses Szenario zu betrachten. Drei Normen können mir bei diesem Prozess im Weg stehen. Alle drei haben Bezug zur Einstellung, mit der ich als Analytiker zuhöre.

Nacheinander werde ich abhandeln: die Norm des objektiven Analytikers, der wertfrei zuhört; die Norm des Analytikers, der nur dem Analysanden zuhört; die Norm des Analytikers, der aus einer Hierarchie der Wirklichkeiten heraus zuhört.

Der objektive Analytiker, der wertfrei zuhört

Da sich die Auffassung darüber, wie wir wahrnehmen, verändert hat, wird es immer schwieriger, die Rolle des Analytikers im psychoanalytischen Prozess weiterhin als die einer neutralen und unbeschriebenen weißen Fläche für die Projektionen des Analysanden zu betrachten (Ogden, 1994, S 3). Es ist nicht leicht, sich von diesem Selbstbild des objektiven Außenstehenden, der einem völlig von ihm separierten Analysanden zuhört, zu distanzieren. Nach Poland (1991) geht das auch auf den Umstand zurück, dass Freud, der Begründer der Psychoanalyse, sich nie einer Analyse unterzogen hat. Notgedrungen machte er seine Entdeckungen im Alleingang der Selbstanalyse, wodurch auch für seine Nachfolger die Bedeutung des Gespanns Analytiker-Analysand im psychoanalytischen Prozess möglicherweise längere Zeit im Hintergrund geblieben ist.

Wenn man sich vorstellt, dass »wahrnehmen« automatisch »werten« durch den Wahrnehmenden impliziert, kann man nicht vom »objektiven Analytiker« sprechen, dessen Rolle keiner weiteren Erklärung bedarf. Die beruhigende Fantasie, dass es ihn gäbe, stellt eine Illusion dar, die der weiteren Entwicklung der psychoanalytischen Praxis im Weg stehen kann. Am ausgesprochensten gilt dies auf dem Gebiet der psychoanalytischen Theorie und der daraus abgeleiteten Technik. Die Menge der psychoanalytischen Theorien und Teiltheorien ist verwirrend groß, und sie widersprechen sich oft inhaltlich. In unserer täglichen Arbeit lösen wir das Problem, indem wir sozusagen anerkennen, dass wir eine doppelte Buchführung vornehmen: Einerseits gehen wir davon aus, dass wir eine Reihe gleichlautender Auffassungen über einen bestimmten Patienten haben können, aber andererseits wissen wir, dass jeder von uns zu einer etwas anderen Schlussfolgerung gelangt, wenn wir unsere Meinung über einen bestimmten Patienten darlegen sollen (Goldberg, 1994). Diese doppelte Buchführung kann jedoch zu Problemen führen, wie sich unter anderem regelmäßig in Ambulanzkonferenzen zeigt. Dabei geht es nicht nur um Akzentunterschiede, sondern um die fundamentale Frage, ob bei einem bestimmten Patienten eine Analyse sowohl möglich als auch notwendig ist.

Wenn wir die Subjektivität das Analytikers berücksichtigen, sehen wir, dass jeder seine eigene psychoanalytische Theorie entwirft, die erheblich davon abhängt, was er im Leben erfahren hat und wie er damit umgegangen ist. Modell sagte dazu:

> In gewissem Sinn gibt es nichts derartiges wie eine psychoanalytische Theorie, die von der Mehrheit der Psychoanalytiker akzeptiert wird. Vielmehr akzeptiert jeder Analytiker die Teile der Theorien von Freud und anderen, die ihm persönlich nahe liegen. (Modell, 1994, S. 201)

Als bekanntes Beispiel einer solchen persönlichen Präferenz dient die Art und Weise, in der wir den Zorn unserer Analysanden beurteilen. Ich lege dabei die Arbeit von Mitchell (1993) zu Grunde, in der er jeweils die Auffassungen von Kernberg und Stolorow einander gegenüberstellt.

Kernberg beschreibt Patienten mit sehr heftigen Wutausbrüchen gegen ihn. In seinen Augen ist diese Wut nicht die Antwort auf Frustration und Enttäuschung, sondern eine ungerechtfertigte, von vornherein bestehende Neigung, die der Analysand in die analytische Situation mitbringt. Kernberg betrachtet die Aggression demnach als einen Trieb, etwas, das aus dem Inneren kommt, und er meint, eine Aggressionstheorie, die den Nachdruck auf das Versagen der Umgebung legt, vernachlässige die klinische Bedeutung der Aggression, vor allem, was das Verständnis der Übertragung betrifft. Seines Erachtens führt das zu einer nicht-analytischen und verwöhnenden Haltung dem Analysanden gegenüber.

Stolorow hingegen sieht die von Kernberg beschriebenen intensiven Wutausbrüche der Patienten nicht als intrinsischen Anteil der Persönlichkeit, sondern als berechtigte Reaktion auf das Unverständnis des Analytikers. Seines Erachtens ist die Annahme der Existenz eines Aggressionstriebes nicht nur falsch, sondern bedeutet auch, dass der Analytiker, der sie vertritt, seinen Patienten auf eine Art misshandelt, die genau die Wut auslöst, von der er annimmt, sie sei von vornherein vorhanden gewesen (Mitchell, 1993, S. 360f.).

Der Tatsache, dass es so viele vollkommen verschiedene psychoanalytische Theorien gibt, kann nur eine Berechtigung zugesprochen werden, wenn man die Subjektivität des Analytikers anerkennt und damit auch seine Theorien mit seiner Persönlichkeit in Verbindung bringt. Mit anderen Worten: Trotz eines bis zu einem gewissen Grade gemeinsamen allgemeingültigen Bezugsrahmens ist die von mir angewandte psychoanalytische Theorie per definitionem eine persönliche. Sie unterscheidet sich dabei nicht von anderen Theorien in dem Sinn, dass sie den Versuch darstellt, mich selbst und die Welt um mich herum zu verstehen und dadurch unter Kontrolle zu bekommen. Meine psychoanalytische Theorie baut also auch auf dem, was ich mir selbstverständlich zu eigen gemacht habe, und auf den Kompromissen auf, die meine eigenen Konflikte erträglich halten sollen (siehe auch Renik, 1993; Sandler, 1993, S. 1098): und sie wird damit beträchtlich durch mein implizites Lebensszenario bestimmt.

Wie wichtig die Kompromisse und Selbstverständlichkeiten sind, um die es hier geht, erweist sich unter anderem aus der oft zwingenden Notwendigkeit, von meiner eigenen psychologischen Theorie als der richtigen überzeugt zu sein und sie zur Norm zu erheben. Die hitzigen Debatten in der psychoanalytischen und psychotherapeutischen Welt über die richtige Theorie erinnern regelmäßig an Politik und Religion und zeigen dieselbe Neigung zu gegenseitiger Verketzerung. Auf einer anderen Ebene bemerke ich das auch in den Ambulanzkonferenzen, wo leicht etwas mitspielen kann im Sinne von: »Ich habe recht, was die Analysierbarkeit dieses Patienten anbelangt. *Meine* Theorie stimmt!«

Diese innere Notwendigkeit, sicher zu sein, dass meine Theorie stimmt, hängt in erster Linie mit der bereits erwähnten Tatsache des engen Zusammenhangs von Theorie und implizitem Szenario zusammen. Daneben hat diese Notwendigkeit auch mit der Unbequemlichkeit zu tun, sich anzuschauen, dass mein Bild von der Wirklichkeit nicht das des anderen ist. Für die gemeinsame Arbeit muss ich akzeptieren können, dass jeder seine eigene Wirklichkeit konstruiert und dass wir dann über diese Konstruktionen reden können. Die Fähigkeit hierzu bildet eine wichtige und notwendige Errungenschaft der Entwicklung (Modell, 1991): aber es macht die Welt weniger berechenbar, stellt mich weniger ins Zentrum und unterstreicht, dass ich, abseits von den anderen, auf mich selbst gestellt bin. Das alles stellt meines Erachtens einen der Gründe dar, weshalb die weitere empirische Untermauerung des psychoanalytischen Gedankenguts so mühselig ist und weshalb das solchermaßen erworbene Wissen nur allmählich in unseren gemeinsamen Wissensschatz integriert wird.

Die Norm des nur dem Patienten zuhörenden Analytikers

Wenn ich mich von der Norm des objektiven Analytikers lösen kann und mir bewusst mache, dass meine »Wahrnehmung« auch immer ein »Werten« impliziert, ist es sehr wichtig, der Frage nachzugehen, wie ich einen optimalen Einblick in mein implizites Szenario, das bei diesem »Wahrnehmen« eine Rolle spielt, gewinnen kann. Damit will ich verhindern, dass ich die psychische Realität des Analysanden ungenügend berücksichtige. Um diese Kenntnis zu erwerben, ist vor allem die eigene Lehranalyse wichtig. Durch sie habe ich nicht nur einen Teil meines impliziten Szenarios, sondern zugleich auch das »analytische Instrument« kennen gelernt (siehe Kapitel 7). Es erweitert den Wahrnehmungsbereich von Analytiker und Analysand. Zur Verdeutlichung dieser Aussage muss ich kurz auf den Modus zurückkommen, mit dem ich als Analytiker wahrnehme. Ich nannte den Modus der Verhaltenswahrnehmung und der introspektiv-empathischen Wahrnehmung. In letzterem Fall nutzt der Analytiker die introspektive Fähigkeit von Analysand und sich selbst, nachdem er sich passager mit dem Analysanden identifiziert und sich in dessen Lage versetzt hat.

Da diese introspektive Selbstbeobachtung einem dauernden Selektionsprozess unterliegt, führte Freud die »freie Assoziation« ein. Bei diesem Konzept geht es um den Zusatz »frei«. Nach den heutigen Kognitionsmodellen werden bei all unserem Wahrnehmen, Denken und Erinnern »Assoziationsvernetzungen« (networks of association) im Gehirn aktiviert (Westen, 1999). Der Inhalt dieser Assoziationen wird auch vom impliziten Szenario mitbestimmt. Aber genau diese »Lebenszeichen«, die sich im täglichen Leben solchermaßen aus unserem impliziten Szenario abzeichnen, werden oft zunächst als unsinnig und beschämend verworfen. Ein Analysand zum Beispiel ging auf die Tür meiner Praxis zu und sah mein Auto nicht auf dem vertrautem Platz stehen. Blitzartig dacht er: »Er ist nicht da. Wenn ich klingele, macht er nicht auf. Da siehst du, er mag mich nicht mehr!« Oft folgt einer solchen Assoziationskette die Verwerfung: »Das ist Unsinn. Natürlich ist er da, sonst hätte er doch etwas von sich hören lassen.« Es kann auch eine Weile dauern, bis der Analysand wagt, »frei« genug zu assoziieren, um besser in diese Art Zusammenhänge hineinzukommen und sie als wertvolle Informationen zu behandeln. So konnte der betreffende Analysand realisieren, dass er eine Wahrnehmung, in der sich etwas Vertrautes als verändert erwies, aufgrund seines Szenarios automatisch mit Gefahr und Abgeschobenwerden assoziierte.

Mit der Einführung der freien Assoziation schuf Freud die Grundlage für einen bestimmten Aspekt der Beziehung Analytiker-Analysand, nämlich die Möglichkeit, das »analytische Instrument« anzuwenden – ein Begriff, den Otto Isakower geprägt hat (Balter/ Lothane/Spencer, 1980; Isakower, 1992). Isakowers Ausgangspunkt war eine Bemerkung Freuds aus dem Jahre 1912, in der dieser zeigt, wie der Analytiker sich selbst als Instrument einbringen kann, indem er mit »gleichschwebender Aufmerksamkeit« zuhört.

> Wie der Analysierte alles mitteilen soll, was er in seiner Selbstbeobachtung erhascht, mit Hintanhaltung aller logischen und affektiven Einwendungen, die ihn bewegen wollen, eine Auswahl zu treffen, so soll sich der Arzt in den Stand setzen, alles ihm Mitgeteilte für die Zwecke der Deutung, die Erkennung des verborgenen Unbewußten zu verwerten, ohne die vom Kranken aufgegebene Auswahl durch eine eigene Zensur zu ersetzen, in eine Formel gefasst: Er soll dem gebenden Unbewußten des Kranken sein eigenes Unbewußtes als empfangendes Organ zuwenden, sich auf den Analysierten einstellen wie der Receiver des Telefons zum Teller eingestellt ist. (Freud, 1912e, VIII, S. 381)

Isakower arbeitete diesen Gedankengang Freuds weiter aus. Als Erster versuchte er systematisch, der Frage nachzugehen, welche Bedeutung regressive Bewusstseinszustände auch beim Analytiker haben könnten, um den Analysanden besser zu verstehen. Er hat auch als Erster das analytische Instrument als etwas Gemeinsames von Analytiker und Analysand aufgefasst. »Analysieren« wurde dadurch zum ersten Mal nachdrücklich als eine gemeinsame Unternehmung betrachtet, als ein psychologisches Phänomen, das sich wechselseitig zwischen Analytiker und Analysand abspielt (Wyman/ Rittenberg, 1992).

Der Analysand versucht, alles mitzuteilen, was ihm in den Sinn kommt. Sich diesem inneren Strom der Gedanken, Gefühle und Fantasien zu überlassen, bedeutet, sich von der äußeren Realität ab- und der inneren Realität zuzuwenden. Für den Analysanden impliziert das, in einen anderen, mehr regressiven Bewusstseinszustand zu geraten. Der Analytiker seinerseits hört mit »gleichschwebender Aufmerksamkeit« zu. Meistens versteht man darunter, dass er »neutral« auf alles hört, was der Analysand vorbringt, ohne sich von vornherein zu beschränken und die Aufmerksamkeit einzuengen.

In Isakowers Auffassung bedeutet »gleichschwebende Aufmerksamkeit« jedoch, dass der Analytiker sich in gleicher Weise sowohl dem öffnet, was von außen, vom Analysanden kommt, als auch dem, was sich bei ihm selbst von innen heraus bemerkbar macht. Der Analytiker hört also nicht nur dem Analysanden und dessen Assoziationen zu, sondern auch seinen eigenen freien Assoziationen (Lothane, 1994; Jacobs, 1997). Damit hat er eine doppelte Aufgabe. Eine solche Aufmerksamkeit ist nur dann möglich, wenn sich auch der Analytiker in einem regressiven Bewusstseinszustand befindet, der mit dem des Analysanden übereinstimmt. In der Beschreibung vom Ende der Sitzung macht Isakower denn auch deutlich, dass nicht nur der Analysand in diesem Augenblick wieder einen Schritt in einen anderen Bewusstseinszustand vollzieht.

> Stellen Sie sich mit mir das Ende einer Sitzung vor. Sie ist vorüber, und der Patient geht aus dem Zimmer. Sie, der Analytiker, machen einen Prozess durch, in dem Sie aus der analytischen Situation, diesem fast traumähnlichen Zustand gleichschwebender Aufmerksamkeit, auftauchen; der Patient verlässt Sie, und Sie bleiben allein. In diesem kurzen Augenblick der Trennung des »Teams« hängen Sie in der Luft, und Sie werden sich der entblößten, wunden Oberfläche Ihrer Hälfte des analytischen Instrumentes bewusst, der Oberfläche, die das Gegenstück zur Hälfte des Patienten bildet. (Isakower 1992, S. 202)

Isakower zeigt dann, dass in diesem gemeinsamen regressiven Bewusstseinszustand die Fähigkeit des Analytikers zur Selbstbeobachtung sozusagen latent ist und auch sein muss, soll das analytische

Instrument optimal nutzbar sein. Wenn die Zusammenarbeit unterbrochen wird, wie am Ende einer Sitzung, und der Analytiker sich gerade in einem Schwebezustand befindet, kann er manchmal plötzlich wie in einer auseinandergezogen Darstellung sehen, wie sich die Dinge während der Analysestunde in einander gefügt haben (ebd., S. 203).

Nach Isakowers Ansicht kann ohne Regression, sowohl auf als auch hinter der Couch, kein analytischer Prozess zu Stande kommen. »Regression« muss in diesem Zusammenhang vor allem als das Erreichen eines Bewusstseinszustandes betrachtet werden, in dem Analytiker wie Analysand sich so viel Raum wie nur möglich geben, um ihre Kreativität zu nutzen. Gelingt es dem Analytiker nicht, einen Zustand der Regression zu erreichen, der mit dem des Analysanden übereinstimmt, so ist er nicht in der Lage, die Bruchstücke von Fantasien, Erinnerungen und Vorstellungen zu empfangen, die in ihm selbst beim Zuhören auftauchen. Diese Bruchstücke verschaffen ihm schließlich den Zugang zum impliziten Szenario des Analysanden. Eine solche harmonische Beziehung setzt die Existenz einer einzigartigen Beziehung während der Analysestunde voraus, wobei die gegenseitige Abgrenzung zwischen Analytiker und Analysand vorübergehend verschwindet und ihre Gedanken und Fantasien ineinander übergehen können. Die harmonische Resonanz, die dabei entstehen kann, erinnert an die Beziehung von Mutter und Kind (Jacobs, 1992, S. 238ff.).

Auch Sandler spricht von dieser Resonanz – er nennt sie auch »primäre Identifizierung« – als einem wichtigen Weg, um Einblick in die implizite Welt des Analysanden zu bekommen. Er betont, dass es sich hierbei um ein vollkommen automatisches, reflexhaftes Wachrufen des Verhaltens und der Gefühle des Analysanden im Analytiker handelt (Sandler, 1993). Zur Illustration des reflexhaften Charakters dieser Resonanz nennt Sandler die Vorführung eines Wildwestfilms vor Kindern. Beim Zuschauen machen sie die Bewegungen des Helden auf der Leinwand mit. Sandler behauptet, dieser Vorgang findet ständig bei jedem statt.

> Und tatsächlich können wir soweit gehen zu sagen, dass wir eine Bewegung oder einen Ausdruck des anderen nicht wahrnehmen können, ohne sie unbewusst in uns selbst nachzuahmen, obwohl diese Nachahmung

unterhalb des offenen Ausdrucks oder des bewussten Erlebens stattfindet. (Sandler, 1993, S. 1102).

So gelangt das, was der Analysand verbal und non-verbal äußert, mehr oder weniger in die Gedanken- und Gefühlswelt des Analytikers. Der Analytiker wird sich dessen nicht bewusst sein, es sei denn, er hat die Möglichkeit, es bei sich zu analysieren (ebd., S. 1104). Auf diese Weise kann er Einblick in die Verflechtung des impliziten Szenarios des Analysanden mit dem seinen bekommen.

Die Regression ist bei der Verwendung des analytischen Instrumentes kontrolliert. Die Tatsache, dass der Analysand auszusprechen versucht, was ihm einfällt, verhindert eine zu tiefe Regression. Beim Analytiker besteht das Gegengewicht darin, zuzuhören und von Zeit zu Zeit seine Gedanken und Gefühle auszusprechen. In beiden Fällen bilden die Anwesenheit des anderen und die Notwendigkeit, mit ihm zu kommunizieren sozusagen die Bremse für die regressive Bewegung. Um sich diese Form kontrollierter Regression erlauben zu können, muss der Analytiker sich nicht nur von der Norm des objektiven Analytikers lösen, sondern auch von der Norm, nur dem Analysanden zuhören zu müssen.

Im vorigen Kapitel habe ich mit einer klinischen Vignette aus der Analyse von Herrn D. verdeutlicht, wie das analytische Instrument wirken kann. Dabei wurde für mich vor allem durch die eigenen Erinnerungen spürbar, wie er sich als Junge gefühlt haben mag. Dadurch konnte er dann das vergessene innere Kind wiederfinden bzw. zum ersten Mal wirklich finden und gemeinsam mit mir sein implizites Szenario konstruieren. Ich zeigte auch, wie schmerzlich es sein kann, sich als Analytiker stets soweit offen zu halten, dass man ausreichend von »Erinnerungsmerkmalen« berührt werden kann, die bei diesem Prozess eine entscheidende Rolle spielen. Es kann so verlockend sein, sich davor zu verschließen, und so verführerisch, dies dann dem Analysanden anzulasten. Was ich meine, will ich mit einer kurzen klinischen Vignette zeigen.

Ein Analysand kämpfte mit seiner Kritik an mir. Oft fand er, ich würde zu wenig tun, ich überließe ihn seinem Schicksal, aber er konnte das aus Angst, mich damit zu erzürnen, nur unter Schwierigkeiten sagen. Er musste an seinen Vater denken, der keine Kritik ertrug, sondern gleich zu schreien anfing. Eigentlich hatte er nur einmal offen Kritik an ihm geäußert. Damals war der Analysand acht Jahre alt, ein halbes Jahr nach dem Tod der Mutter. Es war Sommer, und er spielte auf der Straße Fußball. Draußen standen Nachbarn und unterhielten sich. Sein Vater kam aus der Tür und schrie, er solle nach Hause kommen. Der Analysand schrie zurück, das würde er nicht tun, sein Vater sei blöd und wolle nie mit ihm Fußball spielen. Der Nachbar mischte sich ein, und es entstand eine ziemliche Aufregung. Ich merkte, wie meine Gedanken zu einem Straßenfest vor ein paar Jahren abschweiften, das sehr gesellig war. Dann dachte ich an ein Fest, das ich selber geben wollte. Wen sollte ich einladen? Wie groß sollte es werden?

Der Analysand wurde still, und nach einer Weile machte ich ihn darauf aufmerksam. Er sagte, er ertrage es nicht, dass es so still sei, weil er das Gefühl hatte, ich sei nicht mehr bei der Sache. Nach einigen Minuten wurde mir bewusst, dass es tatsächlich so war. Ich war von der intensiven Einsamkeit, die er in dieser Zeitspanne gespürt haben muss, weggegangen und hatte mich stattdessen in die Festfreude gestürzt. So wiederholten wir möglicherweise gemeinsam, was sich zwischen ihm und seinem depressiven, unerreichbaren Vater abgespielt hatte. Ich sagte ihm, dass er sich während des Schweigens mit mir genauso gefühlt haben muss wie damals bei seinem Vater; ich sei unzugänglich gewesen und er mit seinen Problemen allein. Seine Kritik an mir habe auch immer bedeutet, dass ich nicht mit ihm Fußball spielen wolle. Er bestätigte das und konnte mit einem schwierigen Thema fortfahren.

Im Rückblick auf diese Stunde konnte ich rekonstruieren, dass die Erinnerungen des Analysanden in mir Erinnerungen zum Klingen brachten, die mir in diesem Augenblick unerträglich waren. Um dem zu entgehen, benutzte ich eine Fantasie, die von einem Teil meines impliziten Szenarios in Gang gesetzt wurde. In dieser Fantasie wurde ich nicht berührt, fühlte ich mich nicht hilflos und verlassen, sondern war auf der Straße und feierte mit anderen ein Fest. Das alles stand mir während der Sitzung in diesem Moment nicht zur Verfügung, aber das war auch nicht nötig. Wichtig war vor allem, registrieren zu können, dass der Analysand Recht hatte. Ich hatte ihn tatsächlich, ebenso wie sein Vater es in seinem Erleben früher getan hatte, im Stich gelassen, und ich konnte einen Unterschied machen zu einer Situation, in der es um eine Übertragungs-Gegenübertragungs-Inszenierung ging; dabei hatte er durch projektive Identifizierung dafür gesorgt, dass ich die Rolle seines Vaters übernahm.[17] Dieser Unterschied ist so wichtig, weil es dann seine unbewusste Intention gewesen wäre, mich so reagieren zu lassen (Sandler, 1993).

In dem Beispiel soeben ging es meines Erachtens nicht um letzteres, sondern der Analysand war vor allem auf eine Situation aus, in der ich als der »neue« Andere ihm etwas bieten konnte, das er früher so vermisst hatte. Wäre ich von der »Vater-Inszenierung« ausgegangen, hätte ich möglicherweise eine defensive Deutung folgender Art gegeben: »Könnte es sein, dass Sie einen Grund haben, mich so reagieren zu lassen, wie es früher Ihr Vater tat?« Mit einer solchen Deutung, in der Absicht, meine eigene Erinnerung und die Abwehr dagegen nicht aufkommen zu lassen, hätte ich dem Analysanden geschadet und seinen intensiven Wunsch übergangen, sich endlich verstanden zu fühlen.

In aller Deutlichkeit: Der von mir beschriebene Zustand beiderseitiger Regression kommt natürlich nicht kontinuierlich und nicht in jeder Sitzung vor. Das psychoanalytische Setting macht diese Regression und die korrespondierende «basale Empathie« auf Seiten des Analytikers jedoch prinzipiell möglich (Jacobs, 1992) und ergibt damit eine spezifische Behandlungsform, die meines Erachtens jedoch keinen fließenden Übergang zur psychoanalytischen Psychotherapie zeigt.

Das vorigen Kapitel ergab, dass bei optimaler Anwendung des »analytischen Instruments« ein intensiv synchron verlaufender Prozess

---

[17] »Projektive Identifizierung« wird als einer der Abwehrmechanismen angesehen und gehört damit als Handlungsweise, die außerhalb des Bewusstseins wirksam ist, zum Wissen, das im impliziten Gedächtnis gespeichert ist. Wir können uns ihre Wirkung in drei Schritten vorstellen. Angenommen, es geht um ein Geschehen in der Analyse, dann schreibt der Analysand dem Analytiker im ersten Schritt zum Beispiel die kritisch-abfällige Einstellung zu, die er sich selbst gegenüber einnimmt: der projektive Teil der Abwehr. Im zweiten Schritt versucht er, verbal und non-verbal zu bewirken, dass der Analytiker sich ihm gegenüber ebenfalls kritisch-abfällig fühlt: der identifikatorische Teil der Abwehr. Der dritte Schritt erfolgt, wenn der Analytiker sich auch tatsächlich kritisch-abfällig verhält, womit die projektive Identifizierung als gelungen bezeichnet werden kann.

zu Stande kommen kann, bei dem die Bilder im Kopf des Analysanden, auch wenn er nicht darüber spricht, in emotionalem Sinn mit den Bildern im Kopf des Analytikers übereinstimmen. Dazu muss sich der Analytiker ausreichend von den »Erinnerungsmerkmalen« des Analysanden berühren lassen. Bei diesen »Merkmalen« geht es nicht nur um die effektiven Worte des Analysanden und die Art, wie er sie ausspricht, sondern auch um die Stille, die Haltung auf der Couch, die Bewegungen, die Seufzer, die Kleidung, kurz die ganze Skala verbaler und non-verbaler Äußerungen, womit der Analysand in der Beziehung zum Analytiker etwas auszudrücken und zu erreichen versucht (Jacobs, 1994). Mit anderen Worten: Der Analytiker muss bis zu einem gewissen Grad über die Fähigkeit und Bereitschaft verfügen, die Rolle, die er in diesem Augenblick im impliziten Szenario des Analysanden zu spielen hat, auch einigermaßen zu erfüllen, und sei es nur in seinem Inneren (Sandler/Sandler, 1998). Das eine Mal wird er dabei mehr Aspekte des Selbstbildes des Analysanden »darstellen«, das andere Mal mehr den Aspekt des Anderen, wie er gewünscht wird, oder genau des Anderen, der zwar dem Analysanden vertraut ist, aber ihm auch kaum zu Hilfe kommt oder ihn misshandelt.

Das berührt das komplizierte Gebiet dessen, was im Inneren des Analytikers vorgeht, bevor er dem Analysanden etwas sagt, wie er abwägt, was er mitteilt und was nicht, und wie er weiß, was für den Analysanden wichtig ist und was ihn nur belasten würde. Wenn der Prozess ausreichend synchron verläuft, ist es aus meiner Erfahrung oft irgendwie selbstverständlich, was der Analytiker ansprechen soll und was nicht. Diese Selbstverständlichkeit hängt auch mit der bereits erwähnten latent vorhandenen Fähigkeit zur Selbstbeobachtung zusammen und lässt sich mit der nicht-selbstbeobachtenden Selbstverständlichkeit vergleichen, mit der wir zum Beispiel Rad oder Auto fahren. Das bedeutet, es geht mittlerweile um ein Muster, das der Analytiker in sein implizites Gedächtnis aufgenommen hat und das nun als eine Art Intuition in Erscheinung tritt. In Wirklichkeit handelt es sich bei diesem Sachverstand um die implizite Behandlungsfertigkeit, die aus dem Zusammentreffen seiner Erfahrungen in tausenden Therapiesituationen mit seinem theoretischen Wissen zu Stande gekommen ist (Gopnik, 1993).

Die Norm des Analytikers, der mit einer Hierarchie der Wirklichkeit zuhört

Zum Schluss will ich bei einer Norm verweilen, die meines Erachtens unauflösbar mit den beiden vorausgegangenen zusammenhängt. Diese Norm verweist auf das, was Evelyne Schwaber »Hierarchie der Wirklichkeiten« nennt (Schwaber, 1983a; 1983b; 1983c; 1986; 1992; 1996; McLaughlin, 1993).

Solange ich von der Existenz des objektiven Analytikers ausgehe, nehme ich als Analytiker die Position des beobachtenden Außenstehenden ein. Die Wahrnehmungen des Analysanden stellen dann eine andere, innere Wirklichkeit dar, eine Entstellung der »objektiven« Wirklichkeit, die *ich* schon kenne, *er* aber noch nicht. In meiner selbstverständlichen Norm weiß ich es besser. Das impliziert, dass meine Bedeutungszuordnungen und meine Bewertungen ohne Frage denen des Analysanden übergeordnet sind. So beeinflusst meine Norm die ganze Analyse. Das hätte zum Beispiel bei einem Analysanden, als ich ihn an einem Freitag aus dem Wartezimmer holte und er meinen Blick kühl fand, während ich es selbst nicht so erlebte, zu der folgenden Deutung führen können: »Sie finden, dass ich kühl blicke, weil Sie sich selbst abkühlen, um nicht zu spüren, wie böse Sie wegen des Wochenendes sind.« Auch wenn der Analysand entgegnet hätte, dass er es nicht so empfinde, dass er sogar froh sei, nicht zu kommen, vielmehr sei ich es, der kühl blicke, hätte ich bei dem Gedanken bleiben können: »Er weiß es noch nicht, aber eigentlich...«

Nehme ich dagegen die Position des Wahrnehmenden ein, der selbst einen Teil des Wahrgenommenen darstellt, kann man von einer inneren Wirklichkeit des Analysanden gegenüber einer »wirklichen« Wirklichkeit nicht sprechen. In dieser Auffassung ist die Übertragung keine Entstellung, die korrigiert werden muss, sondern eine Wahrnehmung des Analysanden, die einen Zugang zu seiner Erlebniswelt und damit zu seinem impliziten Szenario herstellt. Gerade wenn man diese Wahrnehmungen gelten lässt, kann eine verborgene oder unausgesprochene Sichtweise auf mich als Analytiker zum Vorschein kommen, die es mir möglich macht, besser der Frage nachzugehen, wie die Wahrnehmungswelt des Analysanden funktioniert, welche

Bedeutungen er bestimmten Wahrnehmungen beilegt, welche emotionalen Konsequenzen das hat und welche Lösungsversuche er unternimmt. Das verschafft uns schließlich die Möglichkeit, gemeinsam sein implizites Szenario zu konstruieren versuchen.

In dem Beispiel soeben bedeutete das, dass ich zunächst davon ausging, dass es etwas gab, weswegen ich kühler als meistens guckte. Dann konnte angesprochen werden, was das für den Analysanden bedeutete. Er fühlte sich in seiner Begeisterung abgewiesen, als bekäme er einen Schlag ins Gesicht. Schließlich stellte sich ein Zusammenhang mit seiner Stiefmutter heraus, die immer so kühl blicken konnte, wenn er begeistert nach Hause kam. Letzteres machte ihm begreiflicher, warum er in der Analyse so reagierte. Doch es ging nicht primär um diesen Zusammenhang. Für den Analysanden war es vor allem wichtig zu realisieren, dass ein Teil seines impliziten Szenarios aus dem »Wissen« zu bestehen schien, er werde auf kühle Weise ignoriert, wenn er sich begeistert zeigte. Mit anderen Worten: Der Andere hasse ihn, wenn er sich lebhaft zeige. Immer wenn er begeistert war, wurde dieses Beziehungsmuster automatisch aktiviert, so dass er jede Wahrnehmung, die dafür einen Anknüpfungspunkt bieten konnte, ebenfalls in diesem Sinne interpretierte.

Die Vorstellung vom objektiven Analytiker aufzugeben, stellt den Versuch dar, nicht mehr aus einer Hierarchie der Wirklichkeiten heraus zuzuhören. Mein Bild von der Wirklichkeit steht dabei nicht mehr über dem des Analysanden, meine Wirklichkeit ist nicht wirklicher. Wenn ich die Position des subjektiven Analytikers einnehme, impliziert das zugleich, mir die Relativität meiner Wirklichkeit vor Augen zu führen und zu erkennen, dass sie nur meine eigenen Gesichtspunkte wiedergibt. Damit akzeptiere ich auch als Illusion, dass es nur *ein* Bild von der Wirklichkeit gibt, nämlich mein eigenes. Das fällt mir so schwer, weil es unmittelbar mit der Beschwerlichkeit zusammenhängt, den anderen überhaupt als von mir getrennt und mit einem eigenen Existenzrecht bestehen zu lassen. Ich muss die Vorrangstellung meines inneren Bildes vom anderen aufgeben oder, mit anderen Worten, ich muss mich innerlich auf eigene Beine stellen (siehe auch Kapitel 5). Den anderen in diesem Sinn zum Leben kommen zu lassen, bildet für das selbstverständliche Muster, in dem ich mitten in einer sicheren Welt stehe und in dem sich alles um mich dreht, eine ständige Bedrohung. Wenn ich das nicht durchführen kann, muss ich meine Beschränkungen und meine Verletzlichkeit eingestehen und unter anderem auch der Tatsache ins Auge sehen, dass auch ich letztlich sterbe.

Die Anerkennung der Existenz des anderen stellt unser ganzes Leben lang eine schwierige Aufgabe dar. Regelmäßig ziehen wir uns hiervon in eine narzisstische Haltung zurück, und den anderen als anderen, als eigene, von uns getrennte Person, gibt es nicht mehr (Shengold, 1993). In der Behandlung der »Ausnahmen« wird uns dieses Problem überdeutlich vorgesetzt. Gerade in der geheimen Fantasie, eine Ausnahme zu sein, hat die »Ausnahme« mit dem anderen als dem anderen Schluss gemacht. In den Beziehungsmustern in diesem Teil ihrer Innenwelt hat sie eigentlich jedem autonomen Individuum den Hals umgedreht. In dieser entvölkerten Welt gibt es nur leblose Lakaien, die ihre Aufgabe lautlos erfüllen, um damit jedem Wunsch des Analysanden zuvorzukommen. In der analytischen Situation muss der Analytiker einer dieser Lakaien sein, und es wird ihm sozusagen verboten, eine eigene Erlebniswelt zu haben. Wäre der Analytiker selbst eine Person, bedeutete das für die »Ausnahme«, mit allen Konsequenzen abhängig zu sein.

Genau dieses Verbot, selbst jemand zu sein, macht die Behandlung der »Ausnahmen« besonders schwierig. Der Analytiker muss nicht nur von einer Hierarchie absehen, in der er sein eigenes Bild von der Wirklichkeit über das des Analysanden stellt. Er muss einen Schritt weitergehen und eine Zeitlang auch ertragen können, dass sein Bild von der Wirklichkeit für den Analysanden einfach nicht besteht. Die völlige Verneinung der eigenen individuellen Existenz ist meist nicht leicht zu ertragen, sondern weckt starke Hassgefühle und das Bedürfnis, sich des anderen zu entledigen. Eine solche innere Reaktion des Analytikers bei der Behandlung der »Ausnahmen« ist nicht nur eine Darstellung des inneren Sachverhaltes beim Analysanden, sie ist auch mit der großen Mühe verbunden, uns so hilflos abhängig zu fühlen und somit dem anderen – in diesem Fall dem Analysanden – ausgeliefert zu sein, der es nicht erträgt, dass wir selbst denken.

Das alles weist auf das narzisstische Paradoxon, das Leonard Shengold folgendermaßen formuliert: »Ich will dich töten, aber ohne dich kann ich nicht leben.« (Shengold, 1993, S. 163) Als Analytiker kann ich versuchen, diese beunruhigenden Vorstellungen zu umgehen, indem ich weiter an einer Hierarchie der Wirklichkeiten festhalte, worin mein Bild von der Wirklichkeit über dem des Analysanden steht. Das kann unter anderem zu sprunghaften Interpretationen führen, die mehr mit der Wirklichkeit des Analytikers als der des Analysanden zu tun haben. Ein Analysand zum Beispiel sagte, ich würde immer fordern, er solle tapfer sein. Nun wusste ich, dass er als Kind sehr schnell zu hören bekam, er solle sich nicht so anstellen, sondern ein tapferer Junge sein. Doch wenn ich diesen Zusammenhang hergestellt hätte, hätte ich übergangen, wie er das analytische Setting und meine Rolle darin erlebte. In seiner Wirklichkeit forderte ich sehr wohl Tapferkeit. Wie sonst hätte ich gestern am Ende der Stunde gesagt, es sei Zeit zu gehen, obwohl er sich traurig und verzweifelt fühlte? Damit hatte ich doch gesagt: »Komm, sei tapfer und reiß' dich zusammen!«

Wie ich dargelegt habe, besteht der Preis für das Festhalten an einer Hierarchie der Wirklichkeiten darin, dass wir nicht mehr ausreichend auf die Erlebniswelt des Analysanden eingestellt sein können. Obwohl ich es weiß, merke ich doch in allerlei Augenblicken, wie verlockend es sein kann, die Hierarchie, in der meine Erlebniswelt an zentraler Stelle steht und mein Bild von der Wirklichkeit selbstverständlich am meisten zählt, als einen kostbaren Besitz zu hegen. Das gilt vor allem in Situationen, die mich als Person betreffen, wenn zum Beispiel das Bild des Patienten von mir unangenehm von dem Bild abweicht, das ich von mir selbst habe.

Als ich vor ein paar Jahren aus dem Urlaub zurückkehrte, stand vor meinem Haus ein großer alter Wohnwagen. Die Wut der Analysanden über meinen Urlaub kam unter anderem in den höhnischen Bemerkungen über den Wohnwagen zum Ausdruck, und ich verspürte eine starke Neigung, sie darauf hinzuweisen, dass er mir doch gar nicht gehöre. In meiner Erlebniswelt passt ein Wohnwagen eindeutig nicht zu mir, schon gar nicht ein so altes Exemplar. Noch schwieriger wird es, wenn es um Unterschiede in der Beurteilung oder Auffassung von Umständen geht, die ich nicht ändern kann, wie mein Äußeres, mein Alter, meine Art zu handeln und zu sprechen, meine Intelligenz usw. Gerade bezüglich dieser Art Umstände ist es sehr schwer zu ertragen, dass für den anderen meine Wirklichkeit nicht selbstverständlich in der Hierarchie höher angesiedelt ist.

Dass ich als Analytiker dauernd mein Bestes tun muss, um die Übertragung als Ausdruck der psychischen Wirklichkeit des Analysanden zur Geltung kommen zu lassen, ist auch nicht allein durch die Tatsache bedingt, dass es sich meist um intensive Gefühle des Analysanden handelt, wobei in Parallelprozessen Konfrontationen mit meinen eigenen Erinnerungen als Kind, Partner oder Elternteil unvermeidlich sind (siehe auch Kapitel 7). Die Übertragung bedeutet auch, mir immer aufs Neue der Tatsache bewusst sein zu müssen, dass ich in der Wirklichkeit des Analysanden eine Rolle zugewiesen bekomme und dauernd damit konfrontiert werde, wie relativ und wenig selbstverständlich mein eigenes Bild von der Wirklichkeit ist. Evelyne Schwaber sagt es deutlich: Mitbedingt durch das selbstverständliche Bedürfnis, unsere eigene Wirklichkeit zur Norm zu machen und damit eine hierarchische Perspektive einzunehmen, richten wir unser analytisches Zuhören manchmal noch zu wenig nach Freuds fundamentalem Schritt von 1917 aus; damals gab er nämlich die Verführungstheorie auf und erklärte die psychische Wirklichkeit des Analysanden zur Domäne der Untersuchung.

Schluss

Bei meiner Arbeit als Analytiker bringe ich automatisch und unvermeidlich meine Normen und Werte in den Prozess ein. Ich habe in diesem Kapitel zuerst bei der Norm des objektiven Analytikers verweilt, der wertfrei zuhört, und dann bei der Norm des Analytikers, der nur den Analysanden zuhört. Ich bin dabei auf die Norm eingegangen, die unauflösbar mit den beiden vorangegangenen zusammenhängt: die Norm, dass ich als Analytiker es besser weiß und also Anspruch auf eine Hierarchie der Wirklichkeiten erheben kann, in der es schließlich meine Wirklichkeit ist, die wirklich zählt. Ich zeigte, dass das Festhalten an dieser Hierarchie so verlockend ist, weil sie uns die Vorstellung vom anderen als dem anderen auszusparen scheint, und dass gerade in den Behandlungen der »Ausnahmen« dieser Reiz spürbar wird.

Ich will diese Attraktivität noch einmal mit einem Bild aus der Oper *Salomé* von Richard Strauss illustrieren und das Buch damit beenden. Salomé fühlt sich in ihrer Liebe von Johannes dem Täufer, dem Gefangenen ihres Stiefvaters Herodes, abgewiesen und verachtet. Nachdem sie vor Herodes getanzt hat, darf sie sich eine Belohnung wünschen. Aus Rache fordert sie das Haupt des Johannes auf einem silbernen Teller. In der Schlussszene drückt sie das blutige Haupt triumphierend an ihre Brust. Endlich kann sie seinen Mund küssen, sieht aber die Augen geschlossen und sagt:

> Warum sahst du mich nicht an?
> Hättest du mich angeseh'n,
> du hättest mich geliebt.
> Und das Geheimnis der Liebe
> Ist größer als das Geheimnis des Todes.
> (O. Wilde)

In Übereinstimmung mit meiner Darstellung in diesem Buch, hätte Salomé über dieses große Geheimnis sagen können: »Es ist schwieriger, den anderen sprechen zu lassen, als ihn zum Schweigen zu bringen.«

Literatur

Anderson, R./Koval, A. (1994): *James McNeill Whistler. Beyond the Myth.* New York: Carroll and Graf Publishers.

Arlow, J. A. (1997): The End of Time: a Psychoanalytic Perspective on Ingmar Bergman's »Wild Strawberries«. *International Journal of Psychoanalysis,* 78, 595-599.

Balter, L., Lothane Z./Spencer, J. H. (1980): On the Analyzing Instrument. *Psychoanalytic Quarterly,* 49, 474-504.

Bauer, J. B. et al. (1998): If Memory Serves, Will Language? Later Verbal Accessibility of Early Memories. *Development and Psychopathology,* 10, 655-679.

Boer, F. (1998): Elk kind maakt zijn eigen vader en moeder. *Mededelingenblad Nederlandse Vereniging voor Psychoanalyse,* 4, 113-125.

Boltanski, C. (1998): *Dernières Années.* Paris: Musée d'Art Moderne de la Ville de Paris.

Bower, G. H./Sivers, H. (1998): Cognitive Impact of Traumatic Events. *Development and Psychopathology,* 10, 625-653.

Bowlby, J. (1969): *Attachment and loss, vol. I. Attachment.* Hammondsworth: Penguin Books, 1978.

Bowlby, J. (1973): *Attachment and Loss, vol. II. Separation: Anxiety and Danger.* Hammondsworth: Penguin Books, 1978.

Bowlby, J. (1980): *Attachment and loss, vol. III. Loss: Sadness and Depression.* Hammondsworth: Penguin Books, 1981.

Brenner, C. (1982): *The Mind in Conflict.* New York: International Universities Press.

Bretherton, I./Munholland, K.A. (1999): Internal Working Models in Attachment Relationships; a Construct Revisited. In: J. Cassidy/P. R. Shaver (Hrsg.): *Handbook of Attachment*. New York: The Guilford Press, 89-111.

Buxbaum, E. (1980): Between the Oedipus Complex and Adolescence: the »Quiet« Time. In: S. I. Greenspan/G. H. Pollock (Hrsg.): *The Course of Life*, vol. II. Washington: U.S. Department of Health and Human Services.

Campbell, D. (1998): *Seduction and the Dream of the Wise Baby*. Weekend Conference for English-Speaking Members of European Societies.

Cassidy, J./Shaver, P. R. (Hrsg.): (1999): *Handbook of Attachment. Theory, Research, and Clinical Applications*. New York: The Guilford Press.

Ceci, S. J. (1995): False Beliefs: Some Developmental and Clinical Considerations. In: D.L. Schacter (Hrsg.): *Memory Distortion: how Minds, Brains, and Societies Reconstruct the Past*. Londen: Harvard University Press.

Christianson, S.-A./Lindholm, T. (1998): The Fate of Traumatic Memories in Childhood and Adulthood. *Development and Psychopathology*, 10, 761-780.

Clyman, R. B. (1991): The Procedural Organization of Emotions: a Contribution from Cognitive Science to the Psychoanalytic Theory of Therapeutic Action. *Journal of the American Psychoanalytic Association*, 39, Suppl., 349-382.

Dahl, R. (1988): *Matilda*. Baarn: De Fontein.

Damasio, A. R. (1995): *De vergissing van Descartes. Gevoel, verstand en het menselijk brein*. Amsterdam: Uitgeverij Wereldbibliotheek.

Diamond, D./Blatt, S. J. (1999a): Attachment research and psychoanalysis. 1. Theoretical considerations. *Psychoanalytic Inquiry*, 19, 423-667.

Diamond, D./Blatt, S. J. (1999b): Attachment Research and Psychoanalysis. 2. Clinical Implications. *Psychoanalytic Inquiry*, 19, 669-941.

Dowling, S. (1990): Fantasy-formation: a Child Analyst's Perspective. *Journal of the American Psychoanalytic Association*, 38, 93-111.

Ende, M. (1979): *Die unendliche Geschichte*, Tiemanns Verlag, Stuttgart

Fonagy, P. (1999a): Memory and Therapeutic Action. *International Journal of Psychoanalysis*, 80, 215-223.

Fonagy, P. (1999b): Points of Contact and Divergence between Psychoanalytic and Attachment Theories: is Psychoanalytic Theory Truly Different? *Psychoanalytic Inquiry*, 19, 448-480.

Fonagy, P./Target, M. (1997): Attachment and Reflective Function: their Role in Self-Organization. *Development and Psychopathology*, 9, 679-700.

Fonagy, P./Target, M. (1998): An Interpersonal View of the Infant. In: A. Hurry (Hrsg.): *Psychoanalysis and Developmental Therapy*. London: Karnac Books.

Fonagy, P., et al. (1993): Agression and the Psychological Self. *International Journal of Psychoanalysis* 74, 471-485.

Fonagy, P. et al. (1995): Attachment, the Reflective Self and Borderline States. In: S. Goldberg et al. (Hrsg.): *Attachment Theory: Social, Developmental, and Clinical Perspectives*. Hillsdale, N.J.: The Analytic Press.

Fonagy, P. et al. (1999): Handleiding voor reflectief-functioneren ter toepassing op gehechtheidsbiografische interviews. *Versie 5*. Vert. J. Stoker. Amsterdam: NPI.

Freud, S. (1896b): Weitere Bemerkungen über die Abwehrneuropsychosen. *Gesammelte Werke*, I, 377-403

Freud, S. (1899a): Über Deckerinnerungen. *Gesammelte Werke*, I, 529-554

Freud, S. (1912e): Ratschläge für den Arzt bei der psychoanalytischen Behandlung, *Gesammelte Werke*, VIII, 375-387

Freud, S. (1916d): Einige Charaktertypen aus der psychoanalytischen Arbeit, *Gesammelte Werke*, X, 363-391

Freud, S. (1916-17d): Vorlesungen zur Einführung in die Psychoanalyse, *Gesammelte Werke*, XI

Frijling-Schreuder, E. C. M. (1971): *Wat zijn dat, kinderen? Verstandhouding en misverstand.* Amsterdam: Wetenschappelijke Uitgeverij, 1980.

Goldberg, A. (1994): Farewell to the Objective Analyst. *International Journal of Psychoanalysis*, 75, 21-30.

Gopnik, A. (1993): How we Know our Minds: the Illusion of First-Person Knowledge of Intentionality. *Behavioral and Brain Sciences*, 16, 1-14.

Groen-Prakken, H. en Ladan, A. (Hrsg.) (1999): *Het kind in de ouder. Over de invloed van de eigen kindertijd op het ouderschap.* Assen: van Gorcum.

Houellebecq, M. (1999): *Elementarteilchen*, München: List, 2002.

Hyman, S. E. (2000): The Millennium of Mind, Brain, and Behavior. *Archives of General Psychiatry*, 57, 88-89.

Horowitz, M. H. (1992): The Durability of Unconscious Fantasy. *Journal of Clinical Psychoanalysis*, 1, 525-531.

Hummelen, Y. (1998): Persönliche Mitteilung.

Inderbitzin, L. B./Levy, S. T. (1990): Unconscious Fantasy: a Reconsideration of the Concept. *Journal of the American Psychoanalytic Association*, 38, 113-130.

Isakower, O. (1992): The Analyzing Instrument: Further Houghts. *Journal of Clinical Psychoanalysis*, 1, p. 200-203.

Jacobs, T. J. (1992): Isakower's Ideas of the Analytic Instrument and Contemporary Views of Analytic Listening. *Journal of Clinical Psychoanalysis*, 1, 237-241.

Jacobs, T. J. (1994): Nonverbal Communications: Some Reflections on their Role in the Psychoanalytic Process and Psychoanalytic Education. *Journal of the American Psychoanalytic Association*, 42, 741-762.

Jacobs, T. J. (1997): In Search of the Mind of the Analyst: a Progress Report. *Journal of the American Psychoanalytic Association*, 45,

1035-1057.

Jacobson, J. G. (1983): The Structural Theory and the Representational World: Developmental and Biological Considerations. *Psychoanalytic Quarterly*, 52, 543-563.

Kandel, E. R. (1999): Biology and the Future of Psychoanalysis: a New Intellectual Framework for Psychiatry Revisited. *American Journal of Psychiatry*, 156, 505-524.

Kastenbaum, R., et al. (1980): »The Ages of me«: toward Personal and Interpersonal Definitions of Functional Aging. In: J. Hendricks (Hrsg.): *Being and Becoming Old*. New York: Baywood Publishing Company.

Kris, A. O. (1976): On Wanting too Much: the »Exceptions« Revisited. *International Journal of Psychoanalysis*, 57, 85-95.

Kris, A. O. (1979): Persistence of Denial in Fantasy. *Psychoanalytic Study of the Child*, 34, p. 145-154.

Ladan, A. (1990): Juffrouw Bulstronk is nooit kind geweest. In: A. Ladan (Hrsg.): *Kind en gezin*. Amsterdam/Meppel: Boom.

Ladan, A. (1992): On the Secret Fantasy of Being an Exception. *International Journal of Psychoanalysis*, 73, 29-38.

Ladan, A. (1993): Een poging tot plaatsbepaling. In: A. Ladan (Hrsg.): *Op de bank; over de indicatiestelling voor psychoanalyse*. Amsterdam/ Meppel: Boom

Ladan, A. (1994): *De geheime fantasie van Bastiaan Balthasar Boeckx*. In: E. M. Wiersema (Hrsg.): Verbeelding spreekt. Amsterdam/ Meppel: Boom.

Ladan, A. (1995): A Silenced Indian: more on the Secret Fantasy of Being an Exception. *International Journal of Psychoanalysis*, 76, 79-89.

Ladan, A. (1997): Wat is dood? In: A. Ladan/H. Groen-Prakken (Hrsg.): *Kinderen en de dood*. Assen: van Gorcum.

Leckman, J. F. (1999): Incremental Progress in Developmental Psychopathology: Simply Complex. *American Journal of Psychiatry*, 156, 1495-1498.

LeDoux, J. (1996): *The Emotional Brain*. New York: Simon and Schuster.

Leeuwen, W. F. van (1987): Het vanzelfzwijgende: gedachten over gevoelens. *Psychoalytisch Forum*, 5, 1, 5-46.

Leeuwen, W. F. van (1989): Persönliche Mitteilung.

Lothane, Z. (1994): The Analyzing Instrument and Reciprocal Free Association. *Journal of Clinical Psychoanalysis*, 3, 65-86.

Lynch, M./Cichetti, D. (1998): Trauma, Mental Representation and the Organization of Memory for Mother-Referent Material. *Development and Psychopathology*, 10, 739-759.

Lyons-Ruth, K. (1999): The Two-Person Unconscious: Intersubjective Dialogue, Enactive Relational Representation and the Mergence of New Forms of Relational Organization. *Psychoanalytic Inquiry*, 19, 576-617.

Lyons-Ruth, K./Jacobvitz, D. (1999): Attachment Disorganization. Unresolved Loss, Relational Violence, and Lapses in Behavioral and Attentional Strategies. In: J. Cassidy/P.R. Shaver (Hrsg.): *Handbook of Attachment. Theory, Research and Clinical Applications*. New York: The Guilford press, 520-554.

Main, M. (1999): Epilogue. Attachment Theory: Eighteen Points. In: J. Cassidy/P. R. Shaver (Hrsg.): *Handbook of Attachment. Theory, Research, and Clinical Applications*. New York: The Guilford Press, 845-887.

McEwan, I. (1987): *Ein Kind zur Zeit*. Diogenes-Taschenbuch (1991)

McLaughlin, J. T. (1993): Work with Patients: the Impetus for Self-Analysis. *Psychoanalytic Inquiry*, 13, 365-389.

Mitchell, S. A. (1993): Agression and the Endangered Self. *Psychoanalytic Quarterly*, 62, p. 351-382.

Modell, A. H. (1988): The Centrality of the Psychoanalytic Setting and the Changing Aims of Treatment: a Perspective from a Theory of Object Relations. *Psychoanalytic Quarterly*, 57, p. 577-596.

Modell, A. H. (1990): *Other Times, Other Realities.* Cambridge. Massachusetts: Harvard University Press.

Modell, A. H. (1991): A Confusion of Tongues or Whose Reality is It? *Psychoanalytic Quarterly*, 60, p. 227-244.

Modell, A. H. (1994): Common Ground or Divided Ground. *Psychoanalytic Inquiry*, 14, 201-211.

Nelson, C. A./Carver, L. J. (1998): The Effects of Stress and Trauma on Brain and Memory: a View from Developmental Cognitive Neuroscience. *Development and Psychopathology*, 10, 793-809.

Ogden, T. H. (1994): The Analytical Third: Working with Intersubjective Clinical Facts. *International Journal of Psychoanalysis*, 75, 3-19.

Olds, D./Cooper, A. M. (1997): Dialogue with Other Sciences: Opportunities for Mutual Gain. *International Journal of Psychoanalysis*, 78, 219-225.

Poland, W. S. (1991): Foreword. In: T. J.Jacobs: *The Use of the Self.* New York: International Universities Press.

Pruett, K. D./Kline Pruett, M. (1999): *»Only God Decides«:* Young Children's Perception of Divorce and the Legal System. *Journal of the American Academy of Child and Adolescent Psychiatry*, 38, p. 1544-1550.

Renik, O. (1993): Analytic Interaction: Conceptualizing Technique in Light of the Analyst's Irreducible Subjectivity. *Psychoanalytic Quarterly*, 62, 553-571.

Ritsema, B. (1998): *NRC-Handelsblad*, 13 mei.

Rothstein, A. (1977): The Ego Attitude of Entitlement. *International Review of Psychoanalysis*, 4, 409-417.

Rothstein, A. (1984): *The Narcissistic Pursuit of Perfection.* New York: International Universities Press.

Sandler, J. (1989): The Id or the Child Within? In: J. Sandler (Hrsg.): *Dimensions of Psychoanalysis.* New York: International Universities Press.

Sandler, J. (1993): On Communication from Patient to Analyst: not

Everything is Projective Identification. *International Journal of Psychoanalysis,* 74, 1097-1107.

Sandler, J./Sandler, A.-M. (1998): *Internal Objects Revisited.* Madison: International Universities Press.

Schacter, D. L. (1996): *Searching for Memory.* New York: Basic Books.

Schwab, G. (1832-34): *Die schönsten Sagen des klassischen Altertums.* Bayreuth: Loewe Verlag 1966.

Schwaber, E. A. (1983a): Construction, Reconstruction and the Mode of Clinical Attunement. In: A. Goldberg (Hrsg.): *The Future of Psychoanalysis,* New York: International Universities Press.

Schwaber, E. A. (1983b): A Particular Perspective on Psychoanalytic Listening. *Psychoanalytic Study of the Child,* 38, 519-546.

Schwaber, E. A. (1983c): Psychoanalytic Listening and Psychic Reality. *International Review of Psychoanalysis,* 10, 379-392.

Schwaber, E. A. (1986): Reconstruction and Perceptual Experience: Further Thoughts on Psychoanalytic Listening. *Journal of the American Psychoanalytic Association,* 34, 911-932.

Schwaber, E. A. (1992): Psychoanalytic Theory and Its Relation to Clinical Work. *Journal of the American Psychoanalytic Association,* 40, 1039-1057.

Schwaber, E. A. (1996): Toward a Definition of the Term and Concept of Interaction: Its Reflection in Analytic Listening. *Psychoanalytic Inquiry,* 16, 5-24.

Schwaber, et. al. (1998): »Traveling Affectively Alone«: a Personal Derailment in Analytic Listening. Journal of the American Psychoanalytic Association, 46, 1045-1065.

Shane, M./Shane, E. (1990): Unconscious Fantasy: Developmental and Self-Psychological Considerations. *Journal of the American Psychoanalytic Association,* 38, 75-92.

Shapiro, T./Perry, R. (1976): Latency Revisited: the Age 7 Plus or Minus 1. *Psychoanalytic Study of the Child,* 31, 79-105.

Shengold, L. (1985): Defensive Anality and Anal Narcissism. *International Journal of Psychoanalysis,* 66, 47-73.

Shengold, L. (1989): Autohypnosis and Soul Murder: Hypnotic Evasion, Autohypnotic Vigilance and Hypnotic Facilitation. In: H. P. Blum et al. (Hrsg.): *The Psychoanalytic Core*; Essays in Honor of L. Rangell. New York: International Universities Press.

Shengold, L. (1993):*»The Boy Will Come to Nothing!« Freud's Ego Ideal and Freud as Ego Ideal.* New Haven and London: Yale University Press

Slap, J. W. (1987): Implications for the Structural Model of Freud's Assumptions about Perception. *Journal of the American Psychoanalytic Association*, 35, 629-645.

Smith, S. (1977): The Golden Fantasy: a Regressive Reaction to Separation Anxiety. *International Journal of Psychoanalysis*, 58, 311-324.

Solms, M. (1999): The New Neuropsychology of Sleep. Commentary. *Neuro-psychoanalysis*. 1, p. 183-195.

Spencer, J.H./Balter, L. (1990): Psychoanalytic Observation. *Journal of the American Psychoanalytic Association*, 38, 393-421.

Sroufe, L. A. (1995): *Emotional Development. The Organization of Emotional Life in the Early Years.* Cambridge: Cambridge University Press.

Sroufe, L. A., et al. (1999): Implications of Attachment Theory for Developmental Psychopathology. *Development and Psychopathology*, 11, 1-13.

Stern, D. B. (1997): *Unformulated Experience. From Dissociation to Imagination in Psychoanalysis.* Hillside: The Ananalytic Press.

Stern, D. N. (1995): *The Motherhood Constellation: a Unified View of Parent-Infant Psychotherapy.* New York: Basic Books.

Stern, D. N. et al. (1998): Non-Interpretive Mechanisms in Psychoanalytic Psychotherapy; the »Something More« than Interpretation. *International Journal of Psychoanalysis*, 79, 903-921.

Stoker, J, (2000): Persönliche Mitteilung.

Strauss, R. (1905): *Salomé.* (O. Wilde, *Salomé*, 1893)

Stroeken, H. (2000): *Nieuw psychoanalytisch woordenboek.* Amsterdam/Meppel: Boom.

Süskind, P. (1985): *Das Parfüm. Die Geschichte eines Mörders*, Diogenes, Zürich

Target, M. (1998): The Recovered Memories Controversy. *International Journal of Psychoanalysis*, 79, p. 1015-1028.

Toth, S. L./Cichetti, D. (1998): Remembering, Forgetting, and the Effects of Trauma on Memory: a Developmental Psychopathology Perspective. *Development and Psychopathology*, 10, 589-605.

Townsend, J. H. (1995): Painting Techniques and Materials of Turner and other British Artists 1775-1875. In: A. Wallert/E. Hermens/M. Peek (Hrsg.): *Historical Painting Techniques, Materials, and Studio Practice*. Malibu (Ca.): The Getty Conservation Institute.

Treurniet, N. (1989): On having and Giving Value. In: H. P. Blum et al. (Hrsg.): The Psychoanalytic Core; Essays in Honor of L. Rangell. New York: International Universities Press. Ook in: The Dutch Annual of Psychoanalysis, 1993.

Tuch, R. H. (1999): The Construction, Reconstruction, and Deconstruction of Memory in the Light of Social Cognition. *Journal of the American Psychoanalytic Association*, 47, 153-186.

Wegen, van D. H. (1991). Schilderijen die niet willen drogen. *Kunstschrift*, 35, 1, 42-45.

Westen, D. (1999): The Scientific Status of Unconscious Processes: is Freud Really Dead? *Journal of the American Psychoanalytic Association*, 47, 1061- 1106

White, T. H. (1968): *Arthur, koning voor eens en altijd*. Utrecht/Antwerpen: Het Spectrum.

Wilde, O. (1909) *Das Bildnis des Dorian Gray*, Frankfurt, Suhrkamp, 1980.

Willick, M. S. (1992): The Authors Respond. In: S. Dowling (Hrsg.): *Conflict and Compromise: Therapeutic Implications*. New York: International Universities Press.

Wimer Brakel, L. A./Snodgrass, M. (1998): From the Brain, the

Cognitive Laboratory, and the Couch. *Journal of the American Psychoanalytic Association*, 46, 897-920.

Wyman, H. M./Rittenberg, S. M. (1992): The Analyzing Instrument of Otto Isakower, M. D.: Evolution of a Psychoanalytic Concept. *Journal of Clinical Psychoanalysis*, 1, 165-175.

280 Seiten
vierfarbiges Hardcover
ISBN 3-86099-781-5

Donna M. Orange
Emotionales Verständnis
und Intersubjektivität
Beiträge zu einer
psychoanalytischen Epistemologie

Brandes & Apsel

Die neue Donna M. Orange

Donna M. Orange
Emotionales Verständnis und Intersubjektivität
Beiträge zu einer
psychoanalytischen Epistemologie

»Das Buch ist für den erfahrenen Analytiker wie
für den Anfänger in Psychoanalyse und Psychotherapie mit Gewinn zu lesen.«
(Anna Ornstein)

»Ein brillantes und schönes Buch der Philosophin-
Psychoanalytikerin Donna Orange.«
(Robert D. Stolorow)

Das Buch zur »intersubjektivistischen Wende«
(psyche) in der Psychoanalyse.

Brandes & Apsel Verlag · D-60385 Frankfurt am Main
Scheidswaldstr. 33 · Fax 069/957 301 87 · E-Mail: brandes-apsel@t-online.de
Internet: www.brandes-apsel-verlag.de

Joseph D. Lichtenberg/Frank M. Lachmann/James L. Fosshage

Das Selbst und die motivationalen Systeme
Zu einer Theorie psychoanalytischer Technik

360 Seiten
vierfarbiges Hardcover,
ISBN 3-86099-161-2

»Auf jeden Fall bietet das hervorragende Buch für Analytiker verschiedenster Schulen eine Fülle von innovativen und überzeugenden Ideen, die dazu beitragen können, ihre therapeutische Palette um einiges reicher und farbiger zu gestalten.«

(Analytische Psychologie)

Donna M. Orange/George E. Atwood/Robert D. Stolorow

Intersubjektivität in der Psychoanalyse
Kontextualismus in der psychoanalytischen Praxis

160 Seiten
vierfarbiges Hardcover
ISBN 3-86099-224-4

»Ein harter Brocken also, dieses leicht lesbare Buch, jedenfalls für jene Tafelträger der Psychoanalyse, die sich hinter Regeln und Gründervätern verbarrikadieren und mit wissenschaftstheoretischen Modellen operieren, die lediglich in der Mechanik ihren Platz haben, nicht jedoch in der modernen Microphysik und auch nicht in verantwortungsvoller Psychotherapie.«

(Frankfurter Rundschau)

Theorie und Praxis

Selbstpsychologie

Europäische Zeitschrift für psycho-
analytische Therapie und Forschung
Self Psychology
European Journal for
Psychoanalytical Therapy and Research
ISSN 1615-343X, vierteljährlich,
4. Jahrgang/2003

Heft 11: Weiblichkeit und Männlichkeit im therapeutischen Prozess
Beiträge von Michael D. Clifford,
Virginia I. Goldner, Hans-Peter Hartmann,
Iris Hilke, Mark D. Smaller, Nancy P. van der Heide.

Heft 12: Psychotherapie von Psychosen
Beiträge von Michael Dümpelmann, Hans-Peter Hartmann,
Wolfgang Milch.

Heft 13/14 (3-4/2003): Psychoanalytische Theorien im Dialog
Beiträge von Paul H. Ornstein, Lewis Aron, Ruth Stein u. a.

Name/Vorname

Straße/Hausnr.

PLZ/Ort

Ich möchte...

☐... die »Selbstpsychologie« ab dem Heft 11 als Jahresabonnement 2003
    für Euro 49,- bestellen.

☐... das Heft Nr. .... für Euro 13,- bestellen.

☐... zum Kennenlernen ein Probeheft bestellen
    (Zutreffendes ankreuzen)

Datum/1. Unterschrift

Inlandsporto und Versandkosten sind eingerechnet. Das Abonnement verlängert sich automatisch um 1 Jahr zum jeweils gültigen Bezugspreis, wenn ich nicht vier Wochen vor Ablauf schriftlich kündige. Diese Bestellung kann innerhalb von 7 Tagen (Poststempel) schriftlich widerrufen werden. Davon habe ich Kenntnis genommen.

Datum/2. Unterschrift